この明るい場所

ポストモダンにおける公共性の問題

五十嵐沙千子　著

AGORA
PUBLICNESS IN
POSTMODERN

IGARASHI SACHIKO

わたしの死者たちへ
そしてすべての生きる子供たちへ

凡例

一、アーレント、リオタール、ハーバーマスの著作からの引用に関し、特に複数引用した文献については、それぞれ下記の略記号によって示し、その他の文献の引用は、そのつど出典を註において明記する。また、引用箇所のページ数をアラビア数字で記した。

略語表

Hannah Arendt（ハンナ・アーレント）の著作

HC	The Human Condition.（『人間の条件』）
OR	On Revolution.（『革命について』）
RJ	Responsibility and Judgement.（『責任と判断』）
WP	Was ist Politik?（『政治とは何か』）

Jean-François Lyotard（ジャン・フランソワ・リオタール）の著作

CP	La condition postmoderne.（『ポストモダンの条件』）
DI	Le différend.（『文の抗争』）
DPMF	Dérive à partir de Marx et Freud.（『漂流の思想』）
LD	Lectures d'enfance.（『インファンス読解』）
PEE	Le postmoderne expliqué aux enfants.（『ポストモダン通信』）
MP	Moralités postmodernes.（『リオタール寓話集』）

Jürgen Habermas（ユルゲン・ハーバーマス）の著作

EA	Die Einbeziehung des Anderen.（『他者の受容』）
ED	Erläuterungen zur Diskursethik.（『討議倫理』）
FG	Faktizität und Geltung.（『事実性と妥当性』）
PPP	Philosophisch-politische Profile.（『哲学的・政治的プロフィール』）

二、引用文献中の原文のイタリックは傍点で示した。

三、本文中における註は、各章末尾に付した。

四、引用・参考文献の一覧は巻末に記載する。

目次

序

フルビネクという子供がいた。

昔、アウシュヴィッツでのことである。

まだ三歳ぐらいだった。

腰から下が麻痺していて、萎縮した足を持っていた。

名前は無かった。

話すことも、できなかった。

ただ、その子供のときおり発する言葉にならない音のひとつをそう聞き取って、収容所にいた周りの大人たちがフルビネクと呼ぶようになったのだった。


「ところがあるとき、フルビネクは一つの言葉を絶えずくり返すようになる。収容所のだれも、その意味がわからない。レーヴィ[1]は、不確かながらも、それをmass-kloもしくはmatiskloと書き取る。[2]」

アウシュヴィッツの生還者であり、残りの生涯をアウシュヴィッツの記憶を語り続ける証言者として生きたプリーモ・レーヴィの証言を引用しながら、アガンベンは語る。それまで絶えて話すことのなかった子供、名前すら語ることの無かった小さい子供が、アウシュヴィッツの収容所で、周りの大人たちの中で、収容されている痩せた人たちの間で、言葉にならない音、とうとう誰もその意味を理解することができなかった言葉を、発するようになるのである。

「みなが、その音、その生まれようとしている言葉に耳を傾け、解読しようとする。しかし、ヨーロッパのあらゆる言語の話し手が収容所にはいたにもかかわらず、フルビネクの言葉はその意味をかたくなに秘めたままである。[3]」

その小さい子供はいったい何を言っていたのか？

その小さい子供、名前も持たない、「それでも彼のちっぽけな前腕部にはアウシュヴィッツの入れ墨が入れられていた[4]」、そして一九四五年三月の初旬に死んだ、その小さい子供は何を言っていたのか？

その声、というよりその音、それにもかかわらずその言葉は、「mass-klo もしくは matisklo」としか聞き取れないその音は、聞き取られないままに、あるいはむしろ聞き取られなかったが故に、いまだに聞き取られることを要求する。それは、聞き取られるまで、われわれがそれを聞き取るまで、われわれを拘束するのだ。

本書の主題は、われわれにとってなおも正当化可能な「共同体」というものがありうるのか、というものである。無数のフルビネクと無数のアウシュヴィッツを、あるいは様々な国々の様々な時代の中で、様々な形で現勢してきた「アウシュヴィッツ」を、果たしてわれわれは「終わらせる」ことができるのか。あるいは「アウシュヴィッツ」とは、単なる歴史上の場処ではなく、われわれの共同体を維持する際に常に生起する何かなのだ……。

だとすれば、フルビネクとアウシュヴィッツは、ナチスドイツの負債ではなく、共同体というものにしがみついてきた者――われわれ自身――の負債である、ということになる。

そのわれわれが、なお「正当」な共同体というものを構想しうるのか？

本書は、この問いを、「ポスト」モダン――「モダン＝近代」の負債を抱えるもの――としての現代においていかなる共同体が正当化されうるのか、という問いとして設定する。

「モダン＝近代」とは、ある意味で、まず分節化された世界＝〈もの〉を、ひとつひとつの「実体」として措定し、それを前提にして、その個々の「実体」を解明していくこと、その「実体」の本質なるものを確定していくことを目的とする思考である、と言ってもよいだろう。

その際、「モダン」が用いた道具が、客観的・実証的思考方法である。そのものの本質に一歩ずつ近づいていく、隠されていたそのものの本質を少しずつ明らかにしていく、という、このモダンの好んだ着実な足取りは、一気に世界像を与えてくれる代わりに簡単に相対化される可能性を持つような単なる「神話」や個々人の主観といった曖昧なものを廃棄し、例えば実証科学に代表されるように、個々の主観的認識の差異や文化的背景の違いを超えて、誰でも人間理性を持つ者になら全員に共有されているはずの知覚・認識能力に基づいて対象の認識を構築する。それが、誰もが持っているはずの知覚・認識能力、誰にも否定できない知覚・経験に基づいたものであるだけに、モダンにおいて「暴露（アレーティア）」されたそのものの「本質」は、誰にも抗い得ない正当性を持つものとして確定されてしまうことになる。

こうして〈そのもの〉の本質が確定される。つまり、〈そのもの〉についての語りが決定される。同時に、〈そのもの〉と〈別のあるもの〉との差異も確定される。〈そのもの〉はこうであり、〈別のあるもの〉はこうである、ということが、「である」の形式において語られ、確定されるのだ。つまり、モダンの中で、〈あるもの〉と〈別のあるもの〉とは、本質的に異なるものであるということが確定され、〈あるもの〉と〈別のあるもの〉との境界線が絶対的に確定するのである。結局のところ、「モダン」とは、〈あるもの〉とはこういうものである、〈別のあるもの〉とはこういうものである、と確定していくことを通して、〈あるもの〉と〈別のあるもの〉とが、異なるものであるということ、別の本質を持つ、他なるものであるということを、一つ一つ確定する体制に他ならない。

だが、こうしたモダンによる本質確定作業は、〈あるもの〉の「本質」は何かということを、われわれに、明確な、使用可能な形で与えてくれた代わりに、〈そのもの〉と〈別のあるもの〉がそもそも本当に「他なるもの」なのか、〈あるもの〉と〈別のあるもの〉を分ける境界線は本当に正当なのかを問う視点を、決定的に失わせる装置となる。

例えば、「アウシュヴィッツ」という形で現前した「ドイツ人」と「ユダヤ人」の境界線は正当なのか？　その境界線に従って――むしろその境界線上で――われわれの政治が延々行われてきたのだとしても、「ドイツ人」ないし「ユダヤ人」というものが本当に実在すると言えるのか？

あるいはこう言ってもよいだろう。われわれはなおも「ドイツ人」と「ユダヤ人」を分ける思考を、つまり「われわれ」と「彼ら」を分ける境界線を維持し続けることができるのか、と。そうしてよいのか、と。果たして、われわれはなおも、「われわれ」と「彼ら」の差異を実体的なものとして信じ続け、何かを「われわれ」の本質として措定し、別の何かを「彼ら」の本質として規定した上で、「われわれ」と「彼ら」を「他なるもの」として分割し、その境界線を越えることのできない壁として絶対化することがなおも可能なのだろうか。あるいは、この区画する近代的思考は、なおも正当化されうるものなのだろうか。

それが「ポスト」モダンの問いである。

それぞれがすべて差異を持つ実体であるという前提で個々の本質「開明」をしていくモダンの

ベクトルの中では失われてしまうこうした問いは、しかし——もしわれわれが例えば「アウシュヴィッツ」を正当化することができないとするならば——もはや避けては通れない問いだろう。つまり、近代とは何だったのか？　われわれは、近代が作り上げてきたこの緊密な負債の構造を、いかに克服することができるのか？

それがポストモダンの問いなのである……とすれば、ポストモダンとは、近代に対する問いなのである。それは決してpost-という語が示すような時間的配置（例えば近代の後がポストモダンの時代である、といったような）ではなく、むしろ近代に抗する、あるいは近代のアポリアを批判し、それが敷いてきたわれわれの世界のシステムをそれに抗して改変する、そういう要求なのである。

こうしてわれわれは次のようなポストモダンの問題に直面することとなる。

すなわち、無数に多元化する世界の中で——われわれを遮断する壁＝境界線の無数の増殖の中で——絶望的な衝突をくり返してきた現代のわれわれにとって、相対主義的な帰結に陥らない、あるいはそれでも正当な何らかの共同性は、はたしてなおも可能なのだろうか。

この問題を、本書は「公共性」という概念の下で探求する。

おそらく、このポストモダンの問いの地平において正当化可能な共同性のあり方は、「公共性」という概念を抜きにしては考えることができないだろう。それはおそらく、この近代のアポリア＝境界線の無数の増殖を、政治的に揺るがせるだろう……。
この視野の原点に立つのはハンナ・アーレントである。
近代の国家体制の枠組みの桎梏の中で彼女が確保しようとした正義ある共存の地平こそ「公共性」に他ならない。まさに自らが「追われたユダヤ人」であったアーレントが構想した「公共性」とは何だったのか。

まず第一章で本書が取り上げるのは、このハンナ・アーレントの公共性の思想である。

二章以下は、このアーレントという原点から出生したポストモダニストたちが描く公共性の見取り図が提示される。彼らポストモダニストたち――ジャン＝フランソワ・リオタール（第二章）、およびユルゲン・ハーバーマス（第三章）――は、共通にこの「原点」を取り上げ、それに批判を加え、そこから自分の構想を展開させていく。

それらの批判の中に、ポストモダンの問題はまずその姿を現してくるはずである。

だが、ポストモダンは――リオタールやハーバーマスは――なぜアーレントを取り上げるのか。なぜ彼女を批判するのか。あるいは、その批判を通して見えてくるポストモダンの問題とは何なのか。そして、そこで提出されている「正当な」共同性とはいかなるものなのか――つまり、ポストモダンにおける公共性はいかに可能なのか。

だが、「ポストモダンにおける公共性」？

そんなものがあるのか？　何か特殊な、そのような公共性が？

おそらくそうではあるまい。

あるのは、ただ、これまでの共生のあり方ではない、別の共生のあり方に対する希求だけである。これまで正当化されてきた伝統的な共同性ではない、その、ではないという形において模索されるような共同性のあり方である。

端的に言えば、われわれは共生のあり方を、つまり「政治を別の仕方で考えなければならない[5]」のだ。

それは「非政治化することをめざしているのではなく、政治的なものの概念、民主主義の概念を別の仕方で解釈[6]」することを意味する。われわれは「政治についての伝統的な概念を脱構築せねばならないだけでなく、政治を解釈する他の仕方を[7]」、つまり来たるべき共同性のあり方を考えなければならないのである。

おそらくそれが、本書の主題である。

同時に、この書は、フルビネクの声に対する応答である。おそらくポストモダンが構築しようとする、この「新しい」共同性——公共性——が目指しているのは、従来の共同体の枠組みの中で沈んでいかなければならなかった多くのフルビネクたちを、もはや生み出さないようにするものであるはずだからである。

聞き取られなかった声は犠牲である。それは聞かれなければならないのだ。

註

1　アウシュヴィッツの証人。彼のことを、ジョルジョ・アガンベンは以下のように紹介している。「一九一九年イタリアのトリーノに生まれる。四四年四月アウシュヴィッツ収容所に入れられるが、四五年一月ソ連軍に解放され、同年十月イタリアに帰還。戦後は化学者として働きつつ、収容所体験を『これが人間か』(一九四七年)にまとめる。一九八六年、アウシュヴィッツ的〈人間の条件〉について考察した『沈んでしまった者と救いあげられた者』を公刊し、翌八七年に自殺。」(ジョルジョ・アガンベン『アウシュヴィッツの残りのもの』一五頁。)

レーヴィの証言については、プリーモ・レーヴィ、竹山博英訳『アウシュヴィッツは終わらない――あるイタリア人生存者の考察』朝日新聞社、二〇〇三年を参照。また、フルビネクについての記述は、レーヴィ、竹山博英訳『休戦』朝日新聞社、一九九八年を参照。

2　ジョルジョ・アガンベン『アウシュヴィッツの残りのもの』四七頁。

3　同上四八頁。

4　プリーモ・レーヴィ『休戦』一六七頁。

5　ジャック・デリダ、ジョン・D・カプート編『デリダとの対話』二六頁。

6　同上二六頁。

7　同上二五頁。

1　アーレントの公共性

ポストモダニスト＝ユルゲン・ハーバーマスは次のように言う。

「政治的な公共性は、それが歪められないコミュニケーションの諸構造をあらわすかぎりにおいてのみ、正当な権力を生み出すことができる」（PPP 234）、と。

これを聞く限りにおいて、この文章はまさに、理想的なコミュニケーション的合理性によってポストモダンの公共性を再構築しようとするハーバーマス自身の主張を簡潔に述べたものである……ということを疑う人は殆どいないだろう。

ところが、ハーバーマスは、実はこう言ったのである。

「ハンナ・アーレントは次のこと、すなわち、政治的な公共性は、それが歪められないコミュニケーションの諸構造をあらわすかぎりにおいてのみ、正当な権力を生み出すことができる、ということを主張してゆずらない」（PPP 234 傍点引用者）のだ、と[1]。


アーレントだったのだ。

政治における権力の正当性の問題を問い続け、その正当性の基準を公共性における「歪められないコミュニケーション」に求め続けた思想家とは、アーレントのことだったのだ。だが、それは――周知のように――まさに、彼、ハーバーマス自身のコミュニケーション論の主張でもある。

実は、アーレントとハーバーマスの思想上の「故郷」は同じ場所である。アーレントの政治思想が古代ギリシアのポリスに政治の範型を求めるものであったことはよく知られているが、その一方、ハーバーマスの出発点であった『公共性の構造転換（*Strukturwandel der Öffentlichkeit*）』は、まさにこのポリスに起源を――と同時にその理念的原型を――持つ「公共性」が、その後いかに歴史的変化を遂げてきたかを論じたものであったのである。[2] 端的にいえば、アーレントもハーバーマスも古代ポリスの政治を基準点にするのだ。

もちろん、古代ギリシアのポリスが、本当にアーレントやハーバーマスの言うとおりの姿だったかどうかは別である。両者とも、古代ギリシアの市民制度を単に厳密に歴史的事実として記述したわけではない。むしろポリスが基準点として選ばれたのは、それが市民たちの議論によって構成されるものであった、ということ、そのことのみに由来する。その限りにおいて、アーレントとハーバーマスは、古代ポリスを、現代社会の構造を反照的に露わにする規範的イデアとして設定するのである。

だとすれば、二重に――遡って古代ギリシアのポリスに政治の理想型を求め、そこから現代の政治＝公共性のあり方を再帰的に批判していく、という理論構築の手法に関しても、またそこで主張される政治＝公共性の正当化基準が、ポリスで人々が出会う広場（アゴラ）における人間同士の「歪められないコミュニケーション」にその原点を持つ、という点においても――ハーバーマスの思想はアーレントのそれと重なり合っている。

おそらく、ある意味で「ユルゲン・ハーバーマス」はアーレントによって準備されたのだ。アーレントの思想こそ、次世代にハーバーマスを生みだした、まさにその原型であったと言えるのである。

だが、それは独りハーバーマスにのみ当てはまることではない。

アーレントを規定したのが全体主義ドイツであり、彼女を作ったのがアウシュヴィッツの恐怖だとすれば、同じ「ホロコースト以後の哲学者」[3]としてのポストモダニストたちが「二十世紀ヨーロッパの歴史のトラウマ、すなわち植民地主義、全体主義、そしてホロコースト」[4]の重荷の下で政治について語るとき、彼らが共通に前提としているのはアーレントがかつて語った「政治」の地平と限りなく近い何か――そして、この「政治」の問題がアーレントにおいて「公共性」の問題として語られたものであるかぎりにおいて、まさにアーレントが取り組んだ「公共性」の問題――であらざるをえない。彼女の「公共性」の思想が、ではなく、彼女が「公共性」に依って求めた反・全体主義的政治の地平が、あるいはホロコーストを生起させないシステムとしての政治＝「公共性」が、われわれの時代にわれわれが政治を考えるその視線を決定しているのだ。

簡単に言えば、ポストモダンの「政治」思想は、アーレントの立った地平を出発点にしているのである。だからこそ彼らはアーレントに対する批判を展開するのだとも言える。あるいはアーレントに対する距離が、それぞれのポストモダンの論者たちの地図上の位置を現してしまう指標なのである。

ではいったい、その「原型」アーレントの考えた政治＝公共性とは何だったのか。

1―1　人間の条件、政治の条件

アーレントの遺した断片集『政治とは何か』の冒頭は、こう始まる。

「政治は、人間の複数性（Pluralität）という事実に基づいている。」（WP 9 傍点引用者）

政治の前提は、人間が複数であることにある。政治は、人間が、単数ではなく、複数存在することを条件としている。そうアーレントは言う。

だが、このこと、つまり人間が複数であることが政治の条件である、というのは、いったいどういうことなのか。

確かに、もし人間が一人しかいなかったら政治など問題になるまい。無人島に一人で生きているとしたら政治が必要ないことは自明だろう。そこには共生がないからである。政治は二人以上の人間がいるところで、その行為（あるいはその欲望）の調整としての役目を持つのだから、複数の人間がいなければ政治もいらないということになる。

だが、こんな分かり切ったことをアーレントは問題にしているのではない。

アーレントはこうも言う。

「行い（action）[5]とは、物あるいは事柄の介入なしに直接人と人との間で行われる唯一の活動であり、複数性という人間の条件（the human condition of plurality）[6]、すなわち、地球上に生き世界に住むのが人間（Man）ではなく、人々（men）であるという事実に対応している。たしかに人間の条件のすべての側面が多少とも政治に係わってはいる。しかしこの複数性こそ、全政治生活の条件（*the* condition）であり、その必要条件であるばかりか、最大の条件である。」（HC 7 傍点引用者）

ここで言われているのは、まず、「複数性」が「人間の条件（the human condition）」であるということである。これは前述の引用文では「複数性という事実（Tatsache der Pluralität）」として語られたものである。

この「複数性」はさらに、「地球上に生き世界に住む」のは「人間（Man）ではな」いこと、つまり、現実に存在しているのは複数の「人々（men）」なのであって決して大文字で始まる単数の「人間（Man）」ではない、ということとして説明される。

たしかにアーレントが言うように、現実に存在するのは複数の「人々（men）」である。いろいろな人々（men）がたくさん存在しているのであって、大文字で始まる単数の「人間（Man）」というものがどこかに生きている、というわけではない。

だがこれはむしろ、ごく当たり前のことである。

にもかかわらずアーレントはそう語る。そして、アーレントがそう語らなければならないとすれば、しかも、政治の条件としてそれを語らなければならないのだとすれば、現実には「地球上に生き世界に住むのが人間（Man）ではなく、人々（men）である」ということは、実勢していることではなく、むしろ実現されなければならない事態であること、しかも「政治」によって実現されなければならない事態であるということに他ならない。つまりそれは、アーレントにとっては、今はまだ可能態としてしか存在しないもの、潜在する事実でしかない、のである。

例えば、われわれは普段、ごく普通に「われわれ人間は」とか「人間なら」という言い方をしている。あるいはわれわれは「彼は人間ではない」という風にも言う。またあるいは「人間性」や「人非人」、「人間らしさ」や「人間として」などわれわれの多様なボキャブラリーの中で、ここで言われる「人間」という言葉は、明らかにわれわれにとってある一定の使われ方をしているのである。

そこに前提されているのは、「人間」という一つの種的存在である。

実はわれわれは「人間」が存在する、と信じているのである。しかもわれわれ自身がその「人間」であると信じているのである。この場合の「人間」とは、まさにアーレントが言う「大文字の人間（Man）」に他ならない。

だが、同時に、われわれは、そういう風にわれわれが言及している「人間（Man）」なるものが実際どこかに存在しているわけではないということ、われわれが自己言及的に使用している「人間」なるものは、実際にはどこにもいないのだということを知っている。普遍的な「Man＝人間」という単一者が存在するのではなく、こうした単数形で表されうる普遍的人間なるものの同一性は、架空の非現実的な観念でしかないことも、また、現に存在するのは、「人々(men)」なのだということも、われわれは知っている。単一の、つまり同一の「人間」なるものではなく、あくまでもいろいろな人々が、様々に異なる、非同一的な「人々」として存在するのだということ、そのことを、実はわれわれは事実として知っているのである。

実際に存在しているのは、われわれが語っている「人間」という概念ではなく、語っているわれわれでしかない。

だが、だからこそ、われわれは「われわれ人間は」とか「人間なら」、という言い方――大文字の「人間」に仮託した自己言及――をするのである。

別の言い方で言えば、どこまでも差異の中にバラけてしまう「語っているわれわれ」の同一性は、虚構の「人間」なる概念によってしか可能とならないのだ。

要するに「人々」と「人間」とは違うのである。「地球上に生き世界に住む」事実的存在としての「人々」(の範囲)が、そのまま「人間」(の範囲)であるのではない。だからこそわれわれは、「われわれは人間らしくしなければならない」と言うのである。「人々」が「人間として」振る舞うことができるとすれば、あるいは「人間らしくしろ」という命令が「人々」に対して意味を持つとすれば、それは「人々」が「人間」ではないから、あるいは「人間」ではないこともありうるものだから、つまり「人々」＝「人間」という等式の形には入らないものだから、に他ならない。「地球上に生き世界に住む」「人々」というのは「ヒト」の形をしているとはいえ「人間」ではないもの、「人間」の枠に収まりきれないものなのである。その「非人間的」でもありうる――むしろ本来は「非 - 人間的な」――「人々」を、「人間として」振る舞わせるもの、「人々」の事実的存在の無数の偏差を一つの統一的存在に同一化していく力こそ、「人間」という言葉が担う規範性に他ならないのである。

だとすれば、先述のアーレントの引用は別の色合いを帯びる。

アーレントにおいてはあくまでも「複数性」が「人間の条件（the human condition）」である。だとすれば、それは、「人間」という大文字の「他者」は拒否されなければならない、ということに他ならない。

あるいは「人々（men）」とは、「差異を持つもの」の異名である。

この、現に存在する人々のあり方――差異を持つ複数的なあり方――を前提とすることから、まずわれわれは出発しなければならない。

そうアーレントは考える。

Man ではない、men としてのあり方こそ、人間の根本的なあり方なのである。そして、もしそれが人間の存在の条件なのだとしたら、それは同時に、まさに、政治の最大の――もっとも根本的な――条件（*the* condition）でなければならないのだ。人間のあり方を「人間（Man）」の同一性において見る限り、そこには政治が生まれる余地はない。あくまでも「政治が生まれるのは、人間たちの間（*Zwischen-den-Menchen*）においてであり、したがって〈人間〉の外側に（*außerhalb* des Menschen）」（WP 11 傍点引用者）なのである。「〈人間（*der* Mensch）〉は非政治的」（WP 11）だ、とアーレントが言うのはその意味である。

この基本的前提の下で、アーレントは、「人間の条件」――人間のmenとしてのあり方――を論じていく。

だが、いったい、「人々（men）」としてのあり方とはどんなあり方なのだろうか。

複数性が政治の――同時に人間の――条件だというのはいったいどういうことなのか。それは、一般的によく言われる言い方――「いろんな人がいる」ということ、あるいは「大勢の人間がいるのだから調整の必要もあるだろう」という、政治についての単純で日常的な言いぐさ――と、いったい何が違うのか。

1―2　複数であるということ

まずアーレントは、それ――複数性――が事実であるという点に立つ。先ほども見たように、「地球上に生き世界に住むのが人間（Man）ではなく、人々（men）であるという事実」（HC 7）が、まず現実に生きているわれわれの存在の動かしがたい事実である。

さて、この複数性を集約＝解消する単一的「人間」の規範性がわれわれの本来のあり方を疎外するものとして退けられたとすれば、次にわれわれは、アーレントとともにこの「人々（men）」の複数性それ自体を問わなければならない。つまり、「men」という複数形は常に人間の複数的なあり方を実現しうるのか、というふうに。人がたくさんいるという事実、その事実の中に常にその本来性としての複数性が実現されていると言えるのか、というふうに。

たしかに人は、常にたくさんいる。いることはいるのだ。

だが、それにもかかわらず、この多数性のうちにわれわれの複数性が常に現実化されているとは言えない。単純に言って、いくら人がたくさんいても、アーレントから見れば、それは複数的な人々のあり方ではない。人間の複数性は事実であるにもかかわらず、また、だからこそ人間の最も基本的な条件であるにもかかわらず、常に実現しているとは限らないのである。多数（many）は必ずしも複数（plural）ではないのだ。

例えば群衆を見てわれわれは「たくさんの人々が歩いている」と思う。確かに群衆は多数である。だが、群衆の「多数」性とは何だろう？　いったい、群衆を見て数えようと思う人がいるだろうか？

もちろんそんな人はいない。だがそれは「数え切れない」からではない。すでにそれは塊＝massとして「一つ」だからなのである。だから、それを人は数えないのだ。「多数」(many) とは、実はひとかたまりとして単数なのである。

そもそも同じものをわれわれは区別しない。同じものはわれわれにとって「一」としてしか存在しない。机の上の消しゴムの消しかす（多数）は、通常われわれにとってひとまとまりの消しかす（単数）であって、それが「いくつ」あるか数えることはできない。だが、いくつあるか数えることができないとすれば、実はそこには数えられるものはないのだ。そこには、数えられる異他的なものはないのである。

多数であることが複数であることを保証するわけではないのだ。

それでは、複数性はいかにして確保されるのか。つまり「数えられる異他的なもの」はいかにして確保されるのか。

アーレントは言う。

「人間の複数性は、行い (action) をしたり話したり (speech) することの基本的条件である。それは等しさ (equality) と差異 (distinction) という二重の性格をもっている。もし人間たちが互いに等しくなかったとしたら、お互い同士を理解できず、自分たちよりも以前にこの世界に生まれた人たちを理解できない。そのうえ未来のために計画したり、自分たちよりも後にやってくるはずの人たちの欲求を予見したりすることもできないだろう。しかし他方、もし人間たちに差異がなかったとしたら……そもそも自分たちを理解させようとして話したり行いをしたりする必要がない。なぜならその場合には、万人に同一の直接的な欲求と欲望を伝達するサインと音がありさえすれば、それで十分だからである。」（HC 175 – 176）

ここで、複数性は、等しさ（equality）と差異（distinction）を条件として語られる。

まず、われわれは人間同士として「等しい」。あるいは、ある「等しさ」を持っている。あるいは、「等しい」という前提を互いに持っている。

もしわれわれが余りにも異なるものだったとしたら、われわれはそもそも互いに話し合おうとしたり、何かの行いをしようとしたりなどはしないだろう。われわれが、誰かに対して、何かを話したり、何かの行いをするとすれば、それは、その相手が「わかる＝伝わる」相手であるからに他ならない。同時に、そうわれわれが互いに行為するとすれば、それはわれわれが互いに「等しい」者であるから、あるいは「等しい」者であると信じているからである。[7]

だが、もしわれわれがまったく「同一」のものだったとしたら――たとえば大文字の「人間」という一者しかいなかったとしたら――そもそも「わかり合う」必要ははじめからないだろう。

話し合う必要はないし、行いによって何かを伝える必要もない。そこには実はすでに一つのもの、単数かつ同一の「われ」しかいないのだ。

この単数の「われ」の同一性の中には、当然のことながら「間」がない。だとすれば「われ」が別の「われ」に向かって——自分とは違う他の「われ」に向かって——自分を伝える余地＝距離はそもそも存在しない。そして、もともと差異も距離もない同一者しかいないとしたら、そこには、わかってもらわなければならない異他的なもの＝「他者」はいない。

だが、実際には、われわれはいつも、互いに話し合っている。誰かに対して何かを行っている。そうして自分を伝えている。[8]

この事実自体が、まさに「人間の複数性という事実」の証拠だ、と、アーレントは言うのである。われわれが現に話し合っている、何かを伝え合っている、ということの事実こそ、われわれが等しいものであり、同時に異なるものである、ということの証である、と。

われわれは、われわれを「われわれ」として認識している。だから「話せばわかる」はずである。しかし同時に、われわれは、同一のものではなく互いに差異を持つものであると認識している。だから「話さなければわからない」。

だからこそ、われわれは話すのだ。

つまり、われわれが、互いの（差異を含みうる）考えを理解し合おうとして（理解できるだろ

う と信じて) 向き合い、話し合い、互いの眼前でパフォーマンスしあっている、という、誰もが現に今そこかしこで行っている経験的事実こそが、われわれが「われわれ」である、という共通性と共に、だが「われ」と「われ」が同一ではなく差異を持つもの――「われ‐われ」――である、という、「間」を持つわれわれの特殊な複数性を証明しているのである。

このことは、実はわれわれのあり方にとって決定的である。「有機的生命の場合には、同じ種に属する個体の間においてさえ、すでに多様さと差異が含まれている。しかし、この差異を表明し、他と自分を区別することができるのは人間だけである。そして、人間だけが、何かあるものを――例えば渇き、飢え、愛情、歓喜、恐怖などのようなものを――伝えることができるだけでなく、自分自身をも伝える(communicate)ことができるのである。このように、人間は、他性(otherness)をもっているという点で、存在する一切のものと共通しており、差異性(distinctness)をもっているという点で、生あるものすべてと共通しているが、この他性と差異性は、人間においては、唯一性(uniqueness)となる。したがって、人間の複数性とは、唯一存在の逆説的な複数性である。

話すこと(speech)と行い(action)が、この唯一的な差異を明らかにする。そして、人々は、話すことと行いを通じて、ただ単に違っているというだけではなく、互いの区別を認め合うのである。つまり話すことと行いは、実に、人間が、物理的な対象としてではなく、人々として

(*qua* men)、互いに現われる様式なのである。」(HC 176 傍点引用者)

結局のところ、人間の唯一的な差異(uniqueness)を明らかにするのは、彼の「話すこと(speech)と行い(action)」なのだ。そもそも「私たちがくだす定義はすべて差異のことにほかならず、他の物と区別しなければそれが何であるかということを言うことはできない」(HC 176)としても、外から観察される違いがその人を存在させるわけではない。それが違いを構成するわけではない。人間の場合には、見た目の「客観的な」あれこれの違いが「人間の複数性」を作るのではない。人間は、ただ「そこにいる」だけでは存在することができないのだ。ただ「そこにいる」だけでは、その人の差異は明らかにならず、他の人と区別されることができないのである。自らを伝えて初めて、人は他者の眼前に現れることができる。

そうアーレントは言う。そしてそれがわれわれの特殊な複数性を構成するのである、と。話すことと行いを通して、人は自らを語る。話すことと行いを通して人は自分の違いを表す。そのことによって初めて、彼はわれわれの眼前に現れる=存在することができる。「行いをしたり話したりすることの中で、人々は自分が誰であるかを示し、唯一の自分のパーソナルなアイデンティティを積極的に明らかにし、こうして人間の世界にその姿を現す」(HC 179)のである。逆に言えば、話すことと行い(action)を通して自らを表現しない限り、人間は存在することができない、のだ。

こうしてアーレントは人間というものを語る。他の有機的生命と違って、自分の差異を表明し、他と自分を区別することができるのは人間だけである。そして、人間だけが行いや話によって自分自身をも伝える（communicate）ことができるのである。

それがアーレントの考える人間の条件であり、人間の本来性なのである。

だが、そもそも「人間」について、あるいは人間の本来性について語ることは可能なのか？　アーレントの言い方を借りれば、普遍的な「人間」は存在しないのではなかったか？　「人間が存在する」のではなく、「固有性を持つ唯一のその人たち」として構成される「人々」しか現実には存在しないのではなかったか？　それなのに「人間」について語ることが可能なのか？

いや、むしろそれがアーレントにおいて「人間」というものの唯一可能なあり方なのである。つまり、「人間」という抽象は、具体的な個の複数性において存在するのだ。差異ある個々人の複数性が確保される空間が「人間」の空間なのだ。「人間」が存在するためには、人々が――その人の持つ差異、その人によって表明される、その人唯一の差異によって構成される、差異を持つ複数の彼‐達の存在が――前提されなければならないのだ。「人間」が存在すると言いうるためには、決して「人間」なる一つのものに回収されない、無数に分裂する複数の「私＝彼」の現れが保証されなければならないのだ。

それだけが「人間」というものにのみ開かれる存在のあり方である。端的に言えば、個々に自らを主張し表現し伝え合う無数の個のブラウン運動それ自体を「人間」のあり方だとアーレントは考えるのだ。[9]

あるいはこうも言える。アーレントは「人間」の本来性を設定することで「人間」の本来性を徹底的に解体するのだ、と。つまり「人間」の本来性を複数性に置くことで、アーレントは「人間」なる同一化する強制力を持つ本来性の徹底的な解体を確保するのだ。[10]

あくまでも、自分の差異を伝えようとし、それをまさに「自分自身を伝える」こととして他者とコミュニケーションする、そして「伝えようとしている私」として他者の眼前に存在する、そういう唯一の「私」——それは他者たちから見れば特定の眼差される「彼」として現象する——が、複数いる、ということ、まさにそのことが、アーレントにおける逆説的な「人間」の存在構成なのである。

だとすれば、アーレントにおいては、実際に差異があるかどうかよりも、「私は違う」と言うそのこと、違いを表現するそのことが保証されなければならないということになる。そこにおいて、複数性が——あるいは同時に「私」の唯一性が——確保されるのだから。

それが「人間」の条件である。

同時に、その空間——「私は違う」と言うことができる空間——つまり、複数の「私」を複数の差異ある「私」として、つまり「人々」として維持する空間こそ、アーレントにおける「政治」の空間に他ならない。「政治」とはアーレントにとって、単に人々の生活を保障し、国家間の利害調整をするシステムではない。何よりもまず政治とは人間の条件を支えるシステム、つまり、人々の複数の現われを可能にするシステムなのである。

「人間」の場において初めて政治が可能になる。あるいは政治が初めて「人間」の空間を可能にする。

それは「私」が現れることのできる空間、複数の「私」が現れることを保証する空間である。それは、ただ単に「たくさんの人がいる」というような多数性とはまったく異なる、「私」によって構成された複数性の空間なのである。

それ――「私は違う」と言うこと――ができない場合には、「私」は存在できない。同時に複数性も失われる。「私は違う」と言うことができない空間には、「私」の唯一性によって構成される複数性は確保されないからである。同時に政治の可能性もそこでは失われてしまう。そこには、人々が「人々」として存在する可能性も、その人々の「間」にはじめて存在しうるコミュニケーションの場所＝政治の余地も、もう無いからである。いくら人が多数いても、そこはもはや、「人間」の空間でもなければ政治の空間でもない。

だが、実際にそういう場所があるのだ。

そうアーレントは考える。多数も「一」になってしまう場所、人間の空間でも政治の空間でもない場所があるのだ。

それは、「家」である。

アーレントにおいて、複数性が存在しえない場所、多数が「一」になってしまう場所とは「家」なのである。

1―3　「家」

ではアーレントの言う「家」とは何か？

アーレントの言う「家」は、古代ギリシアにある[11]。

そこ――古代ギリシア――には二つの場所がある。「ポリス」と「家」（オイコス）である。

それぞれの場所にはそれぞれの役目がある。「ポリス」は人々が出会って「話」をする場所であり、「家」は人の「生活」の場所である。つまり、政治の場所と、非‐政治の場所である。

1―3―1　ポリス――広場

ポリスで人々は出会う。ポリスの真ん中にある広場（アゴラ）に出て行って、そこで人々は互いに会うのである。そこで人々は話し合う。そこで彼らは何かについて意見を戦わせる。それはそういう場所である。そこは、彼らが共通の問題を話し合い、それぞれの意見を提出し、「自らを伝え（communicate）」合う場所である。

アゴラで出会う人々は、予め「人々」として予期されている。

出会うというのは、何か - と - 何かが出会うということ、つまり、そこに、単数ではない、複数のものがいるということである。

出会うことが可能なのは複数のもの＝人々である。複数のものとして数えることができるのは、それらが互いに差異を持つから、つまり他と異なるものだからである。他と異なるからこそ、それはそれぞれ「一」として数えることができるのである。

人間の場合に複数の者が「出会う」＝「差異のあるものとして互いに現前する」ことができるためには、そこに言語が介在しなければならない。話さなければ違いはわからない。話すということ、面と向かって他者に対して話す＝自らの差異を現すということ、差異を語るということ、差異を持つ「他者」として自らを現すことによってはじめて、われわれは――「私」は――存在することができる。そして、眼前の他者である別の「私」と出会うことができるのだ。

そうする場所、それがアーレントの言うアゴラである。そのアゴラを中心に持つポリスはまさに、「人々」が存在する場所、「人々」として現れる場所なのである。つまりポリスこそ「人々がともかく姿を現すのに必要な世界の中の空間、公的領域」(HC 208 傍点引用者)なのだ。

だからアーレントにとって「正確に言えば、ポリスというのは、ある一定の物理的場所を占める都市＝国家ではない。むしろ、それは、共に行いをし合い、共に語ることから生まれる人々の組織である。そして、このポリスの真の空間は、共に行動し、共に語るということの目的のために共生する人々の間に生まれるのであって、それらの人々が、たまたまどこにいるかということとは無関係である。「汝らのゆくところ汝らがポリスなり」という有名な言葉は単にギリシアの植民の合い言葉になっただけではない。行いと話すことは、それに参加する人々の間に空間を作るのであり、その空間は、ほとんどいかなる時いかなる場所にもそれにふさわしい場所を見つけることができる。右の言葉はこのような確信を表明しているのである。この空間は、最も広い意味の現れ（appearance）の空間である。すなわち、それは、私が他人の眼に現れ、他人が私の眼に現れる空間であり、人々が単に他の生物や無生物のように存在するのではなく、はっきりと現れる空間なのである。」（HC 198 – 199 傍点引用者）

「ポリス」の空間は物理的な空間ではない。アーレントにとって、それは何か目に見える実在の場所ではない。「この空間は、人々が共に集まっているところでは、たしかに潜在的に存在するが、それは、あくまでも潜在的にであって、必然的あるいは永遠にではない」（HC 199）。それは「実在する」ものではなく、「生まれる」ものなのだ。つまり「ポリス」＝公共空間とはあくまでも潜在的可能性、あるいは可能性でしかないものなのである。だからこそ実際には「この空間は常に存在するとは限らない」（HC 199）。差異を持つものとしての「人々」の存在が阻害されるところにはポリスはないのだ。差異ある「私」を表すことができない場所はポリスではない。たとえ「話」しているように見えたとしても、それが実は「私」の差異を「われわれ」の同一性の中に回収してしまうような、「われわれ」の和の中に「私」を隠してしまうような「おしゃべり」でしかない場合には、そこはポリスではない。

人々が向き合い、話し合うとき、そのときにのみ、その人々の向き合う「間」に、この空間は生まれるのだ。そしてその「間」にのみ、人々は互いに「私」の姿を現すことができる。「私は違う」と言いうる場所、そして互いにはっきりと現れることのできる場所、そこは、どこでも、いつでも、ポリスである。ポリスはまさに「出現（appearance）の空間」に他ならないのである。

こうして「ポリス」は、古代ギリシアの歴史的‐地理的制約を超えて、「人々」の複数性＝共同性を導く基準になる。

1―3―2　「他者」の場所

だからポリスには差異が必要なのだ。

差異があること、そして、その差異を表すことが許されているということのみにおいて、ポリスのポリス性が保証されるのだから。

差異が無くなってしまえば、それはもうポリスではない。差異が無くなってしまえば、もうそこには複数の「人々」は存在しない。だから、ポリスがポリスであるためには、差異は歓迎されなければならない。差異が排除されてはならないのだ。

だとすると、私とは異なる「他者」は、差異を持ち込むものとして、ポリスがポリスであるための前提条件を構成するものとして、むしろ歓待されなければならない。それがそもそも「差異を持つ者が出会う空間」である以上、ポリスはつねに、差異に＝「他者」に開かれていなければならないのだ。

こうしてポリスは他者たちの空間として構成されることになる。このポリスに集う「人々」とは、差異を持つ「他者たち」という「われわれ」である。この「われわれ」とはあくまでも「差異を持つ他者たちとして出会う者たち」のことである。そして、「差異を持つ他者」とは「差異を持つ他者」として現れる個々の「私」のことに他ならない。つまり、広場において「人々」が「人々」であり続けるためには、どの「私」もが、あくまでも「差異を持つ他者として現れる私」として確保されなければならないのだ。この「私」の複数形としての「われわれ」は、だから、あくまでも個々の「私」の、換言すれば「私」と「私」の、出会いにおける「われ‐われ」なのである。

だが、この「私」の複数形としての「われわれ」があくまでも個々の「私」によって構成される「われ‐われ」なのだとすると、ポリスに持ち込まれる差異は、それがどんな差異であっても、結局のところ、この「私」と「私」の間の差異に還元されるということになる。どんな差異も、「私が表す差異」なのである。つまり「私が自らを伝える、その差異」、「〈自ら〉を構成する差異」、「私の差異」なのである。あるいは、どんな差異も「私が表す差異」「私の差異」でしかないのだ。そして、どんな差異も「私が表す差異」「私の差異」でしかなく、どんな差異も、出会う「私」の固有の唯一的な差異の一元性に還元されるのだとすれば、そこに、例えばそれらの差異を区画する別の基準が介在する余地はないはずである。

だからアーレントは言う。「すべての人間は、お互いに絶対的に異なっているのであり、この差異は、民族、国民、人種という相対的な差異よりも大きなもの」（WP 12）なのである、と。

結局のところ、アゴラに持ち込まれる差異とは「私は違う」という差異なのだ。「私」の差異は、「私」が違っている、ということにおいてのみ確保される「私固有の差異」であって、それは「民族、国民、人種」の違いには還元できない、「私の」差異なのである。もしこの「私」の差異を、「私の」差異ではなく「われわれの」差異に、つまり「われわれ」と「彼ら」の差異に――例えば民族、国民、人種に代表されるような――回収してしまったとしたら、「私」も「われわれ」に回収されてしまうだろう。その構成の中では、「私」自身も「民族、国民、人種」の中に回収されてしまうだろう。

だから、「差異ある私の唯一性」を何らかの集団的アイデンティティの中に溶解してしまう制度としての「壁」を持ち込むことはできないのだ。「私」固有の差異をもはや認めず、「私」の差異を「われわれ」の中に、あるいは「彼ら」の中に消去してしまうことで、「われわれ」と「彼ら」という集団的アイデンティティを具現化する「壁」を、ポリスに持ち込むことはできないのだ。むしろ「われわれ」の中で「私は違う」と言う余地を禁じるこの壁は、そもそもポリスの持つ広場の論理と対立するだろう。だいたい、どんな境界線も無数の個的な人々の持つ無数の差異の一つでしかないとしたら、無数の差異の中の一つでしかない何らかの境界線を特化することはできない。そこに何らかの壁を持ち込むことは、原理上できない、のだ。

だからポリスの中には「壁」がない、ということになる。[12]

「人々」の広場には壁がないのだ。

確かに「壁」――民族、国民、人種であれ「われわれ」と「彼ら」という擬制を作り出すシステム――によって、われわれは、「われわれ」が誰であるかを知り、「彼ら」が誰であるのかを知る。だが、この壁は同時に「われ」を「われわれ」に、「彼」を「彼ら」に回収してしまう。「壁」は、「私」の差異を、「われわれ」と「彼ら」の差異に解消してしまうのである。そうすることによって、壁は「私」が現れる余地を無くしてしまう。つまり壁はポリスの中に存在するはずの「私」の唯一性を抹消してしまうのである。そこではもう「私」は「私」としてではなく「われわれ」の中の私として自らを語ることしかできない。あるいは、壁が「私」の現れ(=存在)を抹消することによって、「私」と、他の「私」が出会う可能性も失われてしまうだろう。そうして、もうポリスはポリスではなくなってしまうのだ。

だからこそポリスに壁を持ち込むことはできない。

それが、ポリス＝広場の、法＝掟である。

こうして、アーレントのポリスは、差異において無限に開かれうるということになる。ポリスは「誰にでも」開かれうるし、どんな差異を持つ者＝「私」＝「他者」にも、むしろ差異を持ち込む者＝「私」＝「他者」に対して、開かれてある（offen）のだ。それは文字通り差異において開かれてあるという意味での公共空間（Öffentlichkeit）なのである。というよりむしろ、差異においてこそ、まさに他者の他者性においてこそ、ポリス＝広場が、つまり「ポリスの自由の空間をなす広場、アゴラ」（WP 55）が、存在するのである。

1―3―3　家――オイコス

これに対して、「家（オイコス）」は人が生活する場所である。そこは、人々が食べるものを与えられ、安全に守られ、眠るところと着るものを与えられ、生命を保っていく場所である。家は、家長と、彼に従う家族と奴隷とによって構成され、家族の生命維持を目的にして営まれている場所である。

だから「家」はもちろん「広場」ではない。

家は広場ではないし、語り合う場所ではない。家はポリスではない。家は政治の場所ではない。原則上どこまでも差異に対して開かれていかなければならない壁のないポリス＝「広場」に対して、「家」はむしろ壁を必要とする。家族が生活していくためには、堅固な壁によって安全に囲まれ、「外」に対して「ウチ」の安定が守られなければならない。むしろ「家」すなわち「私的なもの」は、「四方を壁に囲まれたなかで隠されたままにしてあること」（WP 45）を必要とするのだ。

そこは人々が互いの差異を現す場所ではない。そこには話すことによって自らを現すという余地は存在しない。だからアーレントは言う。「ギリシア人にとって私的な生活が「愚か（idiotisch）」と見えたのは、私的な生活においては、〈何かについて話し合う〉ことの多様さが拒まれており、したがって世界の中で生じる経験が本当は拒まれたからである。」（WP 52）

アーレントにとって、私的な生活＝家の生活は、言論と出現の場である公的生活＝ポリス（アゴラ）での生活と、まったく異なるものである。何かについて多様に話し合うことは、家では「拒まれ」ていた。異論を出すことは家では許されなかったのだ。「家」は沈黙のなかで営まれたのである。仮にそこで語られる会話があったとしてもそれは限りなく家族としての融和の中に回収されるはずのものであり、そこではわれわれは決して他者として互いには向き合うことのない「一（ワンネス）」として存在するのだ。そこに自分の差異を持ち込むということ、「私」を持ち込むということは、家という集団的利害から見れば、全体の安定を脅かす「〈我〉がまま」を持ち込むという禁じ手に他ならない。[13]

だが、壁を持つのが「家」の本質であり、壁を持たないこと、むしろ壁を排除していくことが「ポリス」の本質であるとするならば、つまり他者に対して「誰にでも」「開かれる」ということこそがポリスの本質であるとするならば、国家や共同体はまさに壁＝境界線によって囲まれているという点において一つの大きな「家」であるということになる。

まさに国家や共同体は壁を持つのだ。むしろ国家や共同体は壁を必要とするのだ。壁＝境界線によってそれはその「内」と「外」を持つ。つまりそれは壁によって自らを実体化させ、内部の無数の成員にただ一つの名前[14]を与えることができるのだし、そのことによって成員全員に一つの同一性を与えて複数の者を一つの存在にするのである。この同一の「名」の下で、成員たちは「私」を「われわれ」＝内として認識し、違う名を持つ「彼ら」＝外と、「壁」越しに向き合うことになる。

こうして与えた名の下で、国家・共同体は、成員を自らの一員として構成し、同時にその内部を外部に対して保護し、内部の構成員の生活保障（あるいは生命の保障）を与えていくのである。かつて「家」が担っていた生命維持や生活保障は、周知のように今や国家の主要な任務である。[15]まさに国家は「家」なのである。

だからアーレントは言う。「人間の集合体や政治的共同体というのは、結局のところ、巨大な民族大の家政によって日々の問題を解決するある種の家族にすぎない」(HC 28)のであり、「このような事態の変化に即応する科学的思考は、もはや政治科学ではなく、「国民経済(national economy)」あるいは「社会経済(social economy)」(*Volkswirtschaft*)であって、それらはいずれも一種の「集団的家計(collective housekeeping)」を意味している。すなわち、家族の集団が経済的に組織されて、一つの超人間的家族(one super-human family)の模写となっているものこそ、私たちが「社会(society)」と呼んでいるものであり、その政治的な組織形態が「国民(nation)」と呼ばれている」(HC 28–29)ものなのだ、と。

だが、そうだとすると、われわれの広場はいったいどこにあるのか?

現在の国家が「巨大な民族大の家政によって日々の問題を解決するある種の家族」でしかないとすると——つまり国家も社会も「家」でしかないとすると——われわれの広場は、つまり政治の場所はどこにあるのか?

もしそうだとすると、われわれには、もうどこにも、広場はなく、政治もない、ということになってしまう。もうどこにも「人々」はいない、ということになってしまう。そこでは差異ある「私」を存在させることはできない。「人間」の場所は失われてしまうのだ。

アーレントが批判するのはまさにそのことである。[16]

1―4　政治というもの

もしアーレントが言うように、国家も社会も「家」でしかないとすると、そこには政治はない。つまり現代の「政治」は政治ではない。

アーレントは言う。

「社会というものは、いつでも、その成員がたった一つの意見と一つの利害しかもたないような、単一の巨大家族の成員であるかのように振舞うよう要求する……近代になって家族が解体する以前には、この共通の利害と単一の意見は、家長がそれを代表していた。家長は、この共通の利害と単一の意見に従って支配し、家族の成員の間で起こりそうな不統一を阻止した。社会の勃興と家族の衰退は時を同じくしていた。この人目をひく事実は、家族という単位がそれぞれの社会集団へ吸収されていったということ、そしてこれこそ実際に起こったことであるということをはっきりと示している。これらの社会集団の成員の平等は、もはや同格者の間での平等ではなく、家長の専政的権力下における家族の平等に似ている。違うのは、ただ、次の点だけである。すなわち、社会の場合には、家族より人員が多いので、それでなくても共通するただ一つの利害と全員が認めるただ一つの意見が当然もっている力が、さらに強められる。そして共通の利害と正しい意見を代表する唯一の人間が行使する実際的な支配は、家族の場合と違って、最終的には不要となる。画一主義の現象は、このような近代における事態の推移の最終段階に特徴的なもの

である。」（HC 39－40 傍点引用者）

アーレントにとって「家」とは、先述したように、基本的にはわれわれが生きていくのに必要なもの――たとえば食事や睡眠――を満たすために存在するものであった。

だが近代になって社会が規模を拡張して複合化し、それに伴って経済格差が拡大してくると、かつて家が担っていた生命維持という役割は、もはや家庭の中だけでどうにかできる問題ではなくなってくる。

例えば固定化された社会階層の中で生じる構造的な貧困の問題や失業あるいは医療などの問題が、一個の「家」の中で解決可能な問題ではないことは明らかだろう。

それはもはや、社会全体の問題である。というよりむしろ、われわれがそれを社会の問題にするのだ。誰もが生きていかなければならないからである。生きていけないのが一人だとしたらそれはその個人の問題である。だが、みんなが生きていけないとしたらそれは全体の問題になる。むしろそれを社会問題に――つまりわれわれ全員の問題に――すべきだということはわれわれ全員の要求でもある。生命維持・生活保障というのは、常に普遍的にわれわれ全員に共有される「一つの利害」なのである。それはわれわれ全員の意志なのだ。だからこそ、それは「一つの意志」[17]として、われわれの社会をあらたに構成し動かす「力」となる。生き続けていく、という、この生命維持の欲求・生活保障の欲求こそが、人を動かす最も広範で最も強力な「力」を作り出すのである。

こうして、「全員」の欲求を満たすべく、国家や社会はかつての「家」の役割を肩代わりして社会構成員の生命と生活を保障することになったのだ。たとえば近代福祉国家はその典型である。何よりもまず人々の生活保障をすること、それが現代の「政治」の――常に既に全員によって正当化された――中心課題なのである。

だが、アーレントに言わせれば、それは政治の失墜でしかない[18]。生命の保障や生活の保障をするのは、アーレントによれば、政治の役目ではない。そんなものは政治ではない。

生活保障や生命維持の保障なども確かに無ければ困るだろう。生きていられないのに政治も何もあったものではない。だが、それはあくまでも政治の単なる前提でしかない。ただ生きるのが政治ではない。「家」に政治はない。「家」を出た「広場」にこそ政治はある。「広場」に出て政治をするということができるように、政治をする身体を維持するのが「家」なのである。実際、古代ポリスでは、生命維持は「家」で奴隷や家族が担っていたものであった。それは、自由であるべき家長を論議の場である広場＝アゴラ、つまり政治の場としての公的領域へ送り出すための条件だったのである[19]。その「家」の安定があって初めて家長は何の心配もなくアゴラ＝広場に出て行ける。生活と生命の保障があってはじめて、人は、広場で、自由な市民として、自由に議論し合うことができるのだった。

それこそが政治である。

つまり政治とは、アーレントにおいては、ポリスの広場で行われる、自由な市民達のコミュニケーションにおいてこそ存在するのである。というよりむしろ、その自由なコミュニケーションそれ自体が政治なのだ。生活保障は、その自由を可能にするための、つまり政治を可能にするための下部構造でしかない。

　ところが、それが今や「政治」の目的になってしまったのだ。そして、家に代わって社会全体が人々の生命維持という目的のためにすべてを——政治を——手段化しているのである。だとすれば、それは政治それ自体が下部構造になってしまったということ、私的領域が公的領域を席巻してしまったということにほかならない。かつては「家」が担っていた生命維持の領域が今や最も普遍的な社会的関心として全体化することで、アゴラ＝「広場」として実体化されるべき政治の領域を食いつぶしてしまったのである。それはアーレントに言わせれば、政治的なものを「生命維持のレヴェルに属していた次元に引きずり落と」（WP 58–59）することにほかならない。

　こうして政治は失われた。「社会が公的領域を征服」（HC 41）したのである。

だがどうしてそれが否定されなければならないのか。
なぜ、生命維持・生活保障を政治が担ってはならないのか。

それは、この「力」――生活保障を求めてわれわれを一つにする力――が「暴力（Gewalt）」に他ならないからである。

つまり、アーレントの見方では、社会が公的領域を征服するやいなや、同時に、政治は暴力に席を譲るのだ。政治が政治であることを止め、家の役目を担うやいなや、公共空間は暴力的なものになってしまうのである。

アーレントは言う。

「行い（action）の可能性は、以前には家族によって排除されていたのだが、今度は社会がすべてのレベルでそれを排除しているというのは決定的である。行いの可能性を排除して、その代わりに、社会は、各メンバーに、ある種の行動（behavior）を期待し、無数の多様な規則を押しつける。そしてそれらの規則はすべて、そのメンバーを「正常化（normalize）」し、彼らを行動させ、自発的な行いや目立った成果を排除する傾向を持つ。」（HC 40）

先述のように、「行い」とは、「話すこと」と共に、「私」が自らの差異を表すもの、そうすることによって差異を持つ唯一の「私」として人々の間に現れること＝存在することを可能にするもの、であった。それがなければ、「私」は、「私」として存在する可能性を失い、「われわれ」の同一性の中に埋没してしまうしかない。だが、その「行い」は――というより「行い」を通して自らの差異を表すことは――「広場」＝公共空間の中においてこそ可能なことであって、「家」はそれを拒絶する。「家」の中に差異を持ち込む「他者」がいては、「家」はその目的である生活保障を安定して維持していけないからである。だから「家」は「他者」に余地を与えなかったのである。

それは、今や「家」の肩代わりをすることになった「大きな家」である「社会」においても繰り返される。「社会」が常に普遍的にわれわれ全員に共有される生命維持・生活保障という「ただ一つの利害」「たった一つの意志」によって動かされるとすれば、生活保障を求めて戦う「一」として「われわれ」が存在する、そうした力の奔流の中に、われわれではないもの――異質なもの――が入り込む余地はないのである。とにかく「みんなが生きていかなければならない」のだ。そこには異論の余地がない。そこには、異論はないはずである。はずである、という脅迫的な仕方を伴って、「みんなが生きていかなければならないのだから」という全体の利害は、何よりもまず異論を許さない絶対的なものとして全体を拘束するのである。[20]

その中に「他者」＝異質なものとしての「私」が存在しうる余地はない。「家」が異論を排除したように、今度は「社会」が異論を排除する。社会全体が自らによって自らを守るのだ。そこでは、どんな異論＝「異質な他者」も、それが異論である限り、即ち「正常（normal）」ではないものとして排除される。「自発的な行い（action）や目立った成果」は、どんなものでも、である。単に反社会的な行為や犯罪的・病的な行為だけではない、どんな「自発的な行いや目立った成果」も、あるいはどんな「異」論も――それが「良い」ものであろうとも「悪い」ものであろうとも――反社会的で犯罪的あるいは病的な行為として、「正常」の枠を越えた行為として、排除されるのだ。「悪い」行為だから排除されるのではない。異質な差異は、「悪い」ものとして排除されるのである。異質だからこそ「悪い」のだ。異質なのが「悪い」のだ。それは即ち「正常ではない」ものなのである。

こうしてあらゆる異質な差異を注意深く取り除き、無数の規則を押しつけ、他者性――「私は違う」と言うこと――を排除し、他者をわれわれの一員に――あるいは異質な差異という「異常」を「正常なもの」に――していく（normalize）こと、それこそ、「家」が現に絶えず行っていること、むしろ「家」が行わなければならないことなのである。

そうやって、「家」は安全を守るのだ。

だから「家」の中では、われわれは自由ではありえない。それはもう自明のことだ。「家」に「私」を持ち込んではいけないのだ。そして、すべてが「大きな家」になってしまった「社会」の中では、もう、どんな「私」にも、存在する余地はないのだ。一切の異論を封じ込めることによって、それはすべての「私」――差異において「私」と言いうる「私」――の存在する余地を一掃してしまう。そして、まさにすべての「私」の存在可能性を抹消するという点において、それは暴力であり、テロルなのである[21]。

それは政治ではない。少なくともそれはアーレントの求める政治ではない。あらかじめなされた他者の排除の上にはいかなる政治もない。そう彼女は言う。政治は、違う地平と異なる欲求＝差異を持つ個人の間に、つまり、異論を持つ、他者としての私・達の間に、はじめて可能となるものなのである。その複数性の中で、複数の異論を相互に合意しあえるように調整するものとして、「私」・達の間で政治はその場所を持つ。それが政治なのだ。そしてそれこそが人－間の次元なのだ。それはおそらく、その差異の空間においてはじめて、「全体としてのわれわれ」に回収されない、唯一の「私」としてのあり方が可能となるからである。

話すことを通して、はじめて「私」は相互に現われる。「声」として、はじめて、人は他者に対して、自らを現す。だが、自らを現すとは、自らの差異を現すということにほかならない。つまり、私はあなたとは違うと言うこと……その声によって、私は、他者たち＝人々とは違う私を、人々の前に出現させることができるのである。

そうしないと「私」は存在できないのだ。

「私」は単に生まれてくることで存在するのではない。「私」は、「私は違う」と言うこと、つまり言挙げすることを通して初めて、世界の中に存在するのだ。「私」は、言挙げする（appeal）ことによって初めて、出現する（appear）ことができるのである。こうして「私」は、存在する。こうして「私」は、人びとによって構成された「世界」の中へ出現＝「誕生」することができる。アーレントが「第二の誕生」（HC 176）と呼ぶのはこれである。

だから、この「世界」とは、言挙げする複数の「私」達――異なる「私」達――の間に生まれる空間にほかならない[22]。そして、この複数の「私」の声が確保される空間こそ、アーレントにおける「広場」としての公的領域＝公共性の場所なのである。

そこで「私」は「私」を「出して」よいのだ。自分の差異を表してよいのだ。それがどんなものであれ、他の人たちや既存の秩序とくい違ったとしても、その違いを表してよいのだ。そうすることで「現れ」てよいのだ。「人前」に現れてよいのだ。それは許されるのだ。そして、誰もがそうなのである。誰もが、どんな「私」もが、そのままで現れてよいのだ。

そこには境界線はない。そこにあらかじめ排除されるべき他者やあらかじめ排除されるべき差異はない。その人がどんな差異を持っていようと、持ち込まれるものがどんな差異であろうと、それをあらかじめ排除することはできない。

それが、「自由」の場、つまりアーレントの広場＝公共空間なのである。

1―5　歓待

「他者」がいること。

「他者」とは、われわれの真理やわれわれの価値を共有しない者である。だからこそ彼は他者である。われわれの秩序とぶつからない者、むしろ秩序の中で承認されうる「良き他者」は「他者」ではない。どこまでも他者はわれわれではないのだ。われわれの中では、それは本来場所を持たない者なのだ。

その他者が、他者として差異を持ち込んでくること。

それは、広場においては許されなければならない。歓待されなければならない。

そのことによって、それまでのわれわれの地平は、あるいはそれまでにわれわれを結びつけていた紐帯はぐらつくだろう。われわれ自身のアイデンティティや価値も変更を迫られるだろう。

それでも、それは歓待されなければならない。

持ち込まれるもの、新たな差異は、持ち込まれる「第二の誕生」は、常に、われわれの今のあり方を脅かすだろう。

だとすれば「第二の誕生」は、その言葉が示すような、無条件で誰もが喜ぶべき幸福な色合いに彩られたものではない。むしろそれは、われわれの中に異質なものが、「他者」が、入ってくる、しかもわれわれのあり方を根底から覆すかもしれない可能性を持った「他者」が、われわれの一員としてではなく「他者」のままで侵入してくる、という脅威なのだ。

だが、だからこそ、「他者」の「誕生」＝「侵入」は、われわれにとって喜ぶべきことなのである。なぜなら、それはまさに私自身が「私」としての「他者」でいることを可能にするからである。「私」は——それがどんな「私」であれ——「広場」の中においてはじめて存在を許される。だが「他者」の「侵入」を拒む共同体は、必ずその「私」を拒むだろう。「家」は「私」が「私」であることを拒むだろう。だからこそ、われわれは見知らぬ「他者」の不気味な「誕生」を歓待しなければならないのだ……。

だがそれは喜びである。「……何か新しいものが生じてきたときにはいつも、予期できず計算できなくて、結局は因果的には説明がつかないで、計算可能な経過の連関の中では、まるで奇跡のように生まれおちてくるということだ。言い換えれば、新たな始まりは、どれも本性からして奇跡なのだ。すなわち、この新たな始まりがあれば、ある過程は必然的に中断させられることになるが、その過程の方に立って、この始まりを見たり経験したりすれば、奇跡なのである。」（WP 32）

不気味な他者の誕生＝到来。

だがそれは、「新たな始まり」でもある。

「古い‐われわれ」にとって、「われわれ」の秩序や安定を「必然的に中断」させられることは、ある意味では暴力的な、だが新たな、始まりである。

それは、「家」の破壊の危険を内包する。だからそれは「古い‐われわれ」にとって、あるいは「家」にとって暴力的である。「始まり」とはまさにあるものの「終わり」なのだから。

しかし、「みんなが生き延びていく」という目的の下で社会全体が「家」化していくこと自体が、そもそも「他者としての私」へのテロルなのだったとしたらどうだろうか。「みんなが生き延びていく」ための「家」の秩序が、実は、外からやってくる他者の排除ではなく、既に今そこに所属しているわれわれ自身に対するテロルの上に成り立つシステムだったとしたらどうだろうか。「みんなが生き延びていくこと」が、実は、「誰をも――どの「私」をも――生かさないこと」なのだったとしたらどうだろうか。

それでもわれわれは、われわれ自身をテロルから解放する力を暴力と呼ぶのだろうか。

世界から隠れて、自らの現れを隠して生きなければならないとしたら、話すことも行いも「われわれ」の予定調和の中に回収されるべく抑圧しなければならないとしたら、あるいはむしろ差異のない「われわれ」というアイデンティティの中で生きなければならないとしたら、そこにはやはり自由はないように思われる。隠れて生きる――あるいは隠されて生きる――ことの中には、やはり自由はないだろう。

自由は、おそらく、現れることを許されることの中にあるのだ。

この、複数の人々によって構成された世界の中に、差異ある私として現れること＝存在することを許されることの中に、自由はおそらくあるのだ。それをおそらく自由というのだ……。[23]

アーレントは言う。「個人は孤立させられては断じて自由ではない。個人が自由になりうるのは、ポリスの地を踏んでそれにかかわる場合のみである。……自由の成立する場は、……人間の内面にあったのではなく、人間が集う間の空間なのである。この空間は、何人かが一緒に集う限り生まれてくるし、共同に生活する間だけ存続できるものである。自由の空間が存在し、そこに参加を認められた人は自由であり、そこから排除された人は不自由なのだ」(WP 99 傍点引用者)、と。

「私」の現れを奪うことは、「私」から自由を奪うことであると同時に、自由の空間それ自体を解消してしまうことである。そして、「私」からこの公共的世界への出現を奪うこと、リアリティを奪うことは、「私」を死なせること＝「私」に与える暴力的な死にほかならない。

全体の中で――あるいは全体によって――「私」の声がかき消されてしまうこと、つまり「私」の存在が消されてしまうこと。

それこそアーレントにおける最大の暴力（Gewalt）なのである[24]。

「私」の声を聞いて欲しい。われわれのなかで、「私」を存在させて欲しい。それを許して欲しい。

アーレントの思想の通奏低音はおそらくこれである。この通奏低音によって、アーレントは暴力論を書き、全体主義批判を展開したのだろう[25]。

アーレントにおける正義が「複数性」の確保に向かうのも、まさに「複数性」がこの「私」の生・存を保証するからである。複数性の中でのみ、他とは異なる「私」という在り方が許されるのだ。逆に言えば、「全体」に回収されない「私」の存在は、複数性においてのみ許されるのである。

だが、たとえ複数のままであったとしても、私・達は共に社会を形成しうるはずである。複数性のままに「私」・達は出会うことができるはずである。他とは異なる「私」を全体に回収しない共存も、おそらく可能なはずである。

そこに政治の場所がある。この「私」の出現の空間——その「私」と他の「私」・達、複数の、この「と」の間、つまり交差する声と声の間——が、アーレントの言う自由の空間、すなわち公的領域＝政治的空間なのである。政治とはこの自由を実現する公共的空間にほかならない。換言すれば、アーレントにとっての政治とは、このアゴラでの「私」・達の言挙げ＝個々人のコミュニケーションを通して、異論を調整し、何かしらの合意を形成していくこと以外の何ものでもないのだ。

あくまでも個人の差異＝自由を前提とし、個々人の異なる言挙げを条件として成立するアゴラ＝政治。そのアゴラ＝公共的空間の中で形成される、この複数の「私」・達の合意。それは合意である。だからそれは「われわれ」というあり方を、その共存の空間を開く。だが、それは「私」の合意である。だとすれば、それはどこまでも「私」のものであり、「私」というあり方に基づくものである。

そこで形成される合意の中身が何であるか、それはもはやどうでもよい。そこで何が話されようとどんな合意が目指されようと、それは問題ではない。むしろ、そこに合意内容を審議する何らかの審級を持ち込むことは、逆にアゴラの合意の持つ形式性を侵害しさえするだろう。アゴラが無限に異なる他者たちのものである限り、そこで生まれる合意の内容もまた、無限に彼らのために開かれていなければならない。どんな意見が提出され、そこにおいてどんな合意が実際に成立するか、ということは、アゴラの自由を保障するためには「開かれて」いなければならないのだ。ただ、すべての人が合意したということ。まさにそのことだけが、その合意を正当化するのである。

もしこの合意から排除される他者がいたら?

もしこの合意から排除される他者がいたら、その合意はもはや「他者たちの合意」ではない。

その瞬間に「広場」は「家」になってしまうだろう。「合意するわれわれ」と「合意から排除される他者」の境界線を引いた瞬間に、「われわれ」は「他者たちの空間」であることを止めるだろう。誰もが異他的な他者でありえ、それにもかかわらず、あるいはそれだからこそ合意すべく待たれえた、その自由の場所は、自由を失うだろう。

それは既に政治の場所ではない。

アーレントのアゴラは政治の場所である。それは「すべての他者」の場所である。[26]「すべての他者に」という規制だけが、未だ合意しない、異他的な声を発する「どの私」の場所をも確保しうるのである。未だ合意しない、異他的な声を発する「私」=他者の存在だけが、この場所を自由の場所にするのである。だから、どんな他者にも、すべての人に、全員に、それは開かれたものでなければならない。合意から排除される人があってはならない。広場の合意は常に「すべての他者」によって構成された「全員」のものでなければならないのだ。

そこで目指される「われ-われ」の合意において、われわれの社会を正当に動かす力=「権力(power)」が生まれる。「他者たちとしてのわれわれ」の行いと話し合いを通して形成される紐帯が自然と生み出すその力=権力だけが、このわれわれの社会を正当に構成するのだ。[27]そしてそこで、誰もが差異ある「私」であることを許され、他者であるという存在の仕方を許されて、その「自ら」を表し＝現しうるということ、そこで他者同士として、それでも何かの合意を目指すということ。

この過程それ自体が、アーレントの政治なのである。

こうして、アーレントにとっての根本問題は、この「真の自由」と、その空間としての政治＝「真の公共性」を実現することとなる。

だがそれは果たして可能なのか。

たとえポテンシャルとしてであっても、生活保障に席巻されてしまった社会と政治の中にこうした真に自由な複数性の空間を確保することははたして可能なのだろうか？

それは殆ど困難なことのように思われる。

だが、仮にそうだとしても、それが「政治」の空間であり、そして、おそらくそこに、暴力としてではない権力の場所をアーレントは見出そうとしたのだ。

おそらく、アーレントにおける正当な政治＝権力の在処は、その中にしかないのである。

註

1 ハーバーマスはこうも語っている。「ハンナ・アレントの哲学的主著（『人間の条件（*The Human Condition*）』一九五八年）はアリストテレス的実践概念の組織的再生に寄与している。著者は古典的テクストの解釈によりすがらないで、言語行為の人間学を構想するのである。これはアーノルド・ゲーレンの目的的行為の人間学（『人間（*Der Mensch*）』一九四〇年、一九五〇年）への対案をなしている。ゲーレンが道具的行為の機能圏を人類の最も重要な再生産機構として研究しているのに対して、ハンナ・アレントは、会話の実践において生み出される共同主観性の形式を、文化的に再生産される生活の根本特徴として分析する。」（PPP 232 – 233）

2 これについては、拙論『情報化社会における公共性の問題――ユルゲン・ハーバーマスのコミュニケーション的公共性概念の再検討』、東海大学文学部紀要第八三輯、二〇〇五年を参照されたい。

3 ジョヴァンナ・ボッラドリ「テロリズムと〈啓蒙〉の遺産」、二〇頁。（ユルゲン・ハーバーマス、ジャック・デリダ、ジョヴァンナ・ボッラドリ、藤本一勇・澤里岳史訳『テロルの時代と哲学の使命』岩波書店、二〇〇四年所収。）

4 同上、一二頁。

5 アーレントの中心的概念の一つであるactionは、通常「活動」と訳されているが、それに対して、著者は「行い」という訳語を用いた。その理由については後述する。

6 なお、『人間の条件』の訳者、志水速雄はpluralityを「多数性」と訳しているが、むしろアーレントの場合、この語は「複数性」と訳すべきではないかと思われる。後述のように、アーレントにおけるpluralityは、単に数が多いmanyという意ではなく、多様な差異を持つ様々な者が存在するということをむしろ強く指示するものであることを考えると、manyを想起させる「多数性」ではなく、「複数性」を訳語として選択することが妥当である。

また、『政治とは何か』の訳者である佐藤和夫もPluralitätを「複数性」と訳出しているように、実際、著者の目にする限りでは、最近ではむしろ複数性という訳語が定着しているように思われる。

7　例えばわれわれは「蝶々」に対して、話し合おうとすることはできない。それはほとんど考えることさえ困難なことだ。たとえ「蝶々」に対して「話し」かけたとしても、その場合、人は、それが他者に伝わるのと同じように蝶々に伝わると思って、つまり自分の意志を相手に伝えようとして話しかけるのではない。同様に、われわれは「蝶々」に対して「上目遣い」をする(action)ことはできない。彼らに対して「ふてくされたり」することもできない。「無視する」こともできない。まったく、われわれは仮にその辺を飛んでいる蝶々を無視しても(見ないことにしても)、蝶々を「無視する」ことはできないのだ。なぜなら、「無視する」というのは、ただ私が単にその相手を見ていない(＝私にとってその相手が存在していない)、ということではなく、「私にとってあなたなど存在していないも同値である」ということをあなたに「知らせる」ということ、つまり、他ならぬ私の目の前に現前しているあなたに対して私の意志を伝える、という行い(action)に他ならないからである。つまり、「無視する」場合、まさに、われわれは、相手に対して「私はあなたなど無視する」ということを伝えているのである。それを伝えることのできない「蝶々」に対して、われわれは「無視する」をする(action)ことはできないのだ。無視したりすねたり甘えたりしても、それが「蝶々」にとって何の意味も持たない＝伝わらないことをわれわれが知っているからである。

要するに「蝶々」は「われわれ」ではないのだ。

8　「speech」が自らを伝えることだ、というのは自明なことであるが、アーレントにおいては「action」もまた、まったく同様に自らを伝えるものである。

だが、この、アーレントにおいて中心的な「action」の概念は、少々誤解を生む可能性のある言葉である。その誤解はおそらく——私見によれば——従来、邦訳語としてこの概念に当てられて来た「活動」という言葉の選択に象徴される。

ここでアーレントの「action」に対する著者の解釈を示しておきたい。あくまでもそれは、アーレントにおいては、「action」も、「speech」とまったく同様に自らを伝えるものだ、というものである。つまりアーレントにおける「action」とは、言語的なものなのである。別の言い方で言えば、アーレントの「action」とは、何かを伝えること、表現することであり、まさに「言語を伴わない〈話すこと〉」なのである。だからアーレントは言う。「話すことを伴わないactionはもはやactionではない（Speechless action would no longer action）」（HC 178）のであり、「actor、すなわち行為をする人（doer of deeds）であるのは、彼が同時に言葉の話し手である場合にのみ可能なのである」（HC 178－179）、と。

要するに、アーレントの「action」とは、「話すこと」に回収されるのである。

その意味で言えば、例えば高速道路などは、この「action」の具体例に満ちている。

高速道路上で、人は互いに「言葉＝話」を掛け合うということはない。もちろん高速道路上には「speech」は存在しない。そこはただ車が走っているだけの空間である。だが、どんな風に車を走らせているかを見れば、その人がどんな人かはわかる。また、たとえ具体的な言葉を伴わなくても、その行いそれ自体が、行為者の何らかの意志を明確に伝えている。

例えば、「煽る」という行いは、「道を譲れ」というはっきりとした命令を表している。

だが同時にそれは、その当人が「煽るような（乱暴で横暴な）人間である」ということをも現している――というよりむしろ、表してしまう＝現われてしまう、という仕方で、その人を露にする。

私見によれば、この複層的な構造――自らの意志を伝え、そのことにおいて自らが露にされる――が、アーレントの「action」の持つ基本的な体制として、まず確認されなければならないことである。（例えばActions speak louder than words.「行いは言葉より影響が大きい」ということわざは、このアーレントの

「action」と同じ用い方をした例である。）

だが、このように解釈すると、「action」に対する訳語として「活動」を当てることはどうも少々困難であると言わざるをえない。

「活動」とは、普通、日本語では、「社会活動」「政治活動」「清掃活動」「生徒会活動」など、社会の中での特定の「働き」に関係するもの、選択された特定の領域において主体的に社会参加するもの、というふうに使われている。というよりむしろそれは、選択された特定の領域において社会参加すること、それ自体を指すという方が良いかもしれない。「活動」は、その意味で、「活動主体」が、今自分がどの領域において何をしているかということを理解していて、しかもその「何」を特定できる、という特徴を持つもののように思われる。しかも主体が自ら関わっているその「何」とは、主体の自己理解の中では、個々のその都度の行為それ自体ではなく、個々の行為が属する全体としての活動領域それ自体なのである。

通常、その意味で使われる「活動」には、actionではなくactivityが相当するようである。（たとえば小学館『ラーナーズ　プログレッシブ和英辞典』によれば、military activity（軍事活動）、club activities（クラブ活動）、research activities（研究活動）、などが挙げられているが、まさにそれらは上で述べた「活動」の例と重なるものである。これらは「活動主体が、今自分が何をしているかということを理解していて、しかもその〈何〉を特定できる」という、まさにその使い方をする実例である。これは、大修館書店『ジーニアス英和辞典　第三版』（二〇〇三年）において、activityの説明としてまず第一にそれがpassivityの反対語であるということが挙げられていることを知るときいっそう興味深い。そこでは、activityが指すのはpassivityの反対語としての「活動性、活躍」であること、第二にそこから「（心身の）活発さ、（商況などの）活気」という意味が生じること、そして第三に「（ある目的のために反復される一定の）活動、運動」という意味があることが示されている。この例は、「活動」としてのactivityが、まず社会から隠れていること、社会参加を忌避すること、として想定されるpassivityの反対語であること、つまり「活動」がなによりもまず社会参加するための主体的な領域活動であることを明示するものである。

だが、「その人が「何者」(who)であるかというこの暴露は、その人が言ったりしたりするすべての中に暗示されている」(HC 179)、あるいはまた「不可逆性というのは、人間が自分の行っていることを知らず、知ることもできなかったにもかかわらず、自分が行ってしまったことを元に戻すことができないということである」(HC 237 傍点引用者)とアーレントが言うときここで言及されているactionには、むしろ、人がそれによっておのずから自らを現してしまう(自らが暴露されてしまう)ものとしての、むしろ「主体的」ではなく受け身的な契機が含まれていることを見逃すわけにはいかない。

人は社会参加のための領域活動においてではなく、そのつど自分が他者に対して表してしまう個々の行いの中で、より自らを表し、また他者から了解されてしまうものである。具体的なひとつひとつの行いはたえずそのひとつひとつが他者への伝達の意志に基づくものであるのと同時に、結果としては常に主体の当初の意思を越えた伝達結果に陥る可能性を持つものである。「こんなはずではなかった」という、よく聞かれる主体の呪詛はその構造に基づくものである。

この解釈を反映するなら、actionの訳に「活動」を当てるのはやはり日本語として違和感があると言わざるを得ない。また「上目遣い」や「反抗」といった行い(action)を「活動」という語の中に括ることも難しい。少なくとも「活動」という語が、普通の日本語としては限定的な意味を持っているという語感をぬぐい去ることができない以上、Actions speak louder than words.という意味でのactionを「活動」という日本語に置換することは難しいと言わざるを得ない。

独語版『人間の条件』では、まさに、actionはdas Handeln(行い、行為)に置き換えられている。

（Arendt, Vita activa, S. 213.）

9　気体や液体中に浮遊する微粒子に、無数の分子がランダムに衝突することによって生じる、全く不規則で予測不可能な運動である。

10　ここにアーレントの、旧師ハイデッガーに対する立場を見て取ることは容易である。

11　もちろんそれはアーレントの描く古代ギリシアである。先述のように、アーレントは古代ギリシアのポリスをモデルにして自らの政治を語った。だからここで「家」は古代ギリシアにあると言うとき、それは古代ギリシアのポリスにおける家（オイコス）を指す。といっても、アーレントはただ単に過去の歴史を記述するわけではない。あくまでもアーレントにおける「古代ポリス」とは、現代社会を読み解く理念である。それはハーバーマスの想定するポリスにおいても同様である。それも先述の通りである。

12　確かにポリスは、ポリスの「外」との境界＝壁は持つだろう。それは現実に一つの政体であったポリスが、その外部と常に戦っていたという事実からも明らかである。だが、少なくともアーレントの考える理念型としてのポリスは、その内部には壁を持たない。あるいはコミュニケーション可能な空間とそうではない空間はもちろん区画されるだろう。しかしどこまでも他者に開かれていく可能性を持つ潜在的空間の広がりには壁＝制限はない。

さらに言えば、アーレントのポリスにおける自由＝他者への「開け」は、ポリスそのものというよりむしろ、ポリスの広場＝アゴラ、「ポリスの自由の中心をなす広場、アゴラ」（WP 55）において実現されるものである。つまり、アーレントにおけるポリスは、自由へと開かれた場所であるアゴラをその中心にするのであり、端的に言えば、アーレントの言うポリスとは、より具体的にはアゴラだ、と言うこともできるだろう。それは、『人間の条件』における「ポリス」の概念が、アーレントの遺稿である『政治とは何か』においてはしばしば「アゴラ」と言い換えられていることからも明らかである。

アーレントは言う。「この都市、つまり死すべき定めの人間と、その人間が行うはかない行いや言葉が持続できる場、それがポリスである。そしてこの都市が政治的であり、だから他の居住地（これには、ギリシア人には別の言葉があった）と区別されるのは、この都市が、本来、自由で平等な人々がいつでもそこで集うことができる広場である、この公的空間の周りを取り囲んで作られているものだから」（WP 46 傍点引用者）なのである。

この広場、この公的空間がアゴラに他ならない。「ギリシアのポリスの場合、ポリスをホメロスの言うアゴラ、すなわち自由人が集い話し合う場の周囲に建設したのである。こうして、固有に〈政治的なもの（*das Politische*）〉、つまりポリス（*das Polis*）にのみ当てはまるものであるから、異邦人や非自由人の誰にも当てはまらぬとしたものを、ギリシア人は互いに、協同で何かについて話し合うということに収斂させたのである。」（WP 93 傍点引用者）

13　だから、アーレントにおいては、「家族」はむしろ政治を阻害するものである。というのも家族という在り方は、個人としての差異を伴う在り方（ひとと違う自分であるということ、あるいはひとと違う自分であるということを現すこと）を許さないし、その中で個々人の複数性が無いことにされてしまうからである。アーレントはこう言う。「ギリシア思想によれば、政治的組織を作る人間の能力は、家庭（oikia）と家族を中心とする自然的な結合と異なっているばかりか、それと正面から対立している。」（HC 24）

また、「家族は、親しさを求めようとしても心冷たく疎遠にとどまる世界の中で、避難所、堅き砦として建てられるのである。なぜなら、それによって複数性という基本的性質が捨てられるし、それどころか、親近という概念を導入することによって、政治的なものが剥奪されてしまうからである。」（WP 10－11）

14　例えばそれは国民、民族、家族であり、あるいはその具体的な固有名である。

15　また、国家が成員の「生命の保障」（あるいは剥奪）をカードとして政治を進めている現在の状況に関しては、ジョルジョ・アガンベンの鋭い指摘がある。

（例えば、ジョルジョ・アガンベン、高桑和巳訳『ホモ・サケル』以文社、二〇〇三年、一六八－一六九頁。）

16　さらに言えば、ここからアーレントの「ナショナリズム」批判が生まれてくる。「ナショナリズムの持つ有機体説は、中央ヨーロッパのそれは特にそうなのだが、いずれも、国家とは一つの家族であり、国民相互の関係は家族のメンバー相互の関係と同じであると見ている。社会が家族の代替物となっているから、「血と土」こそ社会の構成員の間の関係を支配するものと考えられている。住民が同質であり、しかも一定の領土に値を持つことが、どこでも国民国家の前提条件となる。」（HC 256）

国が家族と同一のものとして考えられているからこそ、ナショナリズムは、異質な他者を徹底的に排除し、同質性を成員に強いる暴力的な空間を必然的に形成していくのである。その典型が、ここで挙げられている「中央ヨーロッパ」の国民国家、すなわちナチス・ドイツである。

17　アーレントはこの「一つの意志」を、ルソーの一般意志として説明している。フランス革命においては「合法的統治の前提条件として人民の同意《コンセント》に重点を置く古代の理論ではもはや不十分であった。後知恵ではあるが、ルソーの理論では全体意志《ヴォロンテ・ド・トウ》にあたると見られるような古代の同意の観念にルソーの一般意志《ヴォロンテ・ジェネラール》がとってかわったのはほとんど自明のことであるように思われる。……もっとも重要な点は、慎重な選択や意見にたいする配慮に重点を置く「同意《コンセント》」という言葉自体が、意見交換のあらゆる過程と最終的な意見の一致を本質的に排除する「意志《ウィル》」という言葉に置き換えられたということである。意志は、もしそれが機能するとすれば、実際一つでなければならないし、不可分でなければならない。「分裂した意志など考えることもできない。」さまざまな意見のあいだで可能であるような調整は、さまざまな意志のあいだでは不可能である。……一般意志というこの人民の意志の顕著な特質はその完全一致《ユナニミティ》にあった。ロベスピエールが絶えず「世論《パブリック・オピニオン》」について語ったとき、その意味は一般意志のこの完全一致だったのである。……ルソーは……国民を、一個人のように、一つの意志によって動かされる一つの肉体と考えていたのである」（OR 66）。つまり、この「一般意志というのは、多かれ少なかれ、多数者（many）を一つ（one）に結びつけるもの以外のなにものでもなかった」（OR 67）のである。

18 もしわれわれが「人間の集合体や政治的共同体というのは、結局のところ、巨大な民族大の家政によって日々の問題を解決するある種の家族にすぎないと考え」（HC 28）るとすれば、それは「政治的領域と社会的領域とを同一視するという誤解」（HC 28）である。それは、政治的なものを「生命維持のレヴェルに属していた次元に引きずり落と」（WP 56）すことにほかならない。それは、政治を政治ではなくすことである。なぜなら、政治が「必然的なものになってしまう」（WP 56）と、「市民と国家の関係がどうであれ、自由と政治とは徹底的に切り離され」（WP 67）てしまうからである。

19 例えば HC 28–30。

20 もちろんこの「全体-全員」とはフィクショナルな観念でしかない。だが、この架空の「全体-全員」がわれわれの「政治」のこうしたあり方を正当化するのだ。われわれは、「それは全体の利害である」、だから「誰にも異論はないはずである」という脅迫的な仕方で、「全員」を拘束することによって、循環的に「全体」という架空の観念を維持するのである。

21 その例がフランス革命である。

例えばアーレントにおいてフランス革命は「政治」ではない。それは単なる「暴力的なテロル」でしかない。だが、そこで大量の血が流されたからではない。フランス革命が革命を成就するために用いた血腥い手段のためにそれが暴力であったというのではなく、アーレントにとって、もともとその目的それ自体からしてフランス革命は必然的に暴力だったのである。

それは、フランス革命が「人びとを貧窮から解放するためになされた革命」だったからである。アーレントの見るところ、フランス革命において「彼らを行動にせきたてたのはパンに対する要求」（OR 84）であった。それは「暴政からの解放ではなく必然性［貧窮］からの解放の緊迫性によって決定され、人民の悲惨とこの悲惨が生みだした哀れみとの両方の際限のない広がりによって力を与え」（OR 82）られたものだった。

だからフランス革命は暴力になってしまったのだとアーレントは考える。

なぜそれが暴力なのかは明らかである。

それが一切の話すことを封じ込めるからである。というよりも、それが一切の話すことを一つの意見にしてしまうからである。「パンを求める声は必ず一つの声となって響く」（OR 84 傍点引用者）。

われわれは、「パン」への欲求から自由ではありえない。この欲求が、われわれを「一」にする。このとき、われわれは「単数」である。そのときわれわれはあたかも一つの意志である。パンがわれわれを分割不可能な「一」《ワンネス》にするのである。パンを求める集団の「一」《ワン》性《ネス》の中に、自由はない。「すべての人間がパンを必要とするかぎり、われわれはすべて同じであり、一つの肉体に統一されるのは当然である。人民のフランス的概念が、その当初から多頭の怪物の意味を持ち、一つの肉体のように動き、まるで一つの意志を持っているかのように行動する一つの塊りという内容を持っていたのは、けっしてたんなる理論的誤謬という問題ではなかったのである。」（OR 84）

人間が有機体として生き続けていくために必要な、この生命的欲求こそ、人を動かす最も広範で最も強力な力である。パンの不在がわれわれを強制するのだ。

この力が、暴力として出現する。

パンを求めて戦う「一」なる集団は、一切の異論を排除する。いちいち異論を聞いていては、運動は前に進まず、パンに近づくことはできないからである。「空腹」は一切の異論と他者の感情と異他的なあり方を排除して、パンの要求のみに自らの存在を一化する。そして、まさにすべての「私」の存在可能性を抹消するという点において、それは暴力であり、テロルなのである。

こうして、政治は強制力＝暴力に席を譲る。本来、人間間の問題を暴力に依らないで解決する手法として位置価値を持つものだったはずの政治は、パンへの欲求の前に自由の空間を喪失し、それと同時に政治であることをやめるのである。政治の領域に必然性――パンへの欲求――が侵入することで、政治は暴力に押し流されてしまう。自由であるべき政治はその自由を失う。

　これがアーレントの見るフランス革命であった。同時に、政治がその場所を失い、社会が他者性を排除して一つの「大きな家」になってしまうことこそ、アーレントが自らの敵とした「全体主義」に他ならない。

22　アーレントは次のようにも言う。「行い（action）と話すことは、それに参加する人々の間に、ある空間を作る……それは、最も広い意味での出現（appearance）の空間である。すなわち、それは、私が他人の眼に現われ、他人が私の眼に現われる空間であり、人びとが単に他の生物や無生物のように存在するのではなく、その外形（appearance）をはっきりと示す空間である」（HC 198－199）。

23　興味深いことに、アーレントにとっては、したがって「内面的自由」というのは真の自由とは言えないということになる。たとえば「われわれの意志の自由とかローマの「リベルタス（libertas）」あるいはキリスト教の「意志の自由（liberum arbitrium）」」（WP 99）は、アーレントにとって真の自由ではない。

24　もちろん、そこには彼女自身がナチの時代にドイツに生きたユダヤ人として、話すことだけでなくその存在をも暴力的に排除される対象にされてきたという経験がある。

　アーレントは言う。「話すことなき生活、行い（action）なき生活というのは、世界から見れば、文字通り死んでいる」（HC 176）のであり、「この空間を奪われることは、リアリティを奪われることに等しい」（HC 199）のだ、と。

25　全体の幸福＝生活保障という目的の下に普遍化された欲求として現象する「社会」は、個々人の差異を簡単に吸収してしまう。その意味において、社会を公的領域と呼ぶことはできない。アーレントはこの例と

して「世論」を挙げている。(OR 83)

26 この「すべての他者」という概念は、アーレントがカントから受け継いだものである。この概念と同時に、アーレントはその公共性の理念をカントから受け継いだのだといえる。

アーレントは『カント政治哲学講義(*Lectures on Kant's political philosophy*)』(以下、LKPP)において、カントの『啓蒙とは何か』『判断力批判』を中心に取り上げながら彼の「政治哲学」について論じている。というよりむしろ、アーレントは、カントの著書をごく自由に用いながら、「カント自身によっては書かれなかったが本来カントが書くはずであった政治哲学」を彼に代わって書いているのだ。要するにアーレントはここで、カントの理念を用いて自らの政治哲学を展開しているのである。

アーレントがまず注目するのは、「一切の政治的活動を支配する「公共性という超越的原理」」(LKPP 71)がカントを導いているということである。アーレントによれば、「理性の公共的使用」という概念が示すように「カントの道徳哲学では、すでに公共性が正しさの基準となっている」(LKPP 73)のだが、それはそのままカントの(書かれなかった)「政治哲学」にも当てはまる。というのも人が人間社会の中でいかに判断すべきか、いかに人々の規範やルールを設定すべきか、という問題は、いわゆる「理性の公共的使用」を抜きにしては考えることができない、とカントが考えるからである。

アーレント=カントによれば、いかに判断すべきか、いかなるルールを設定すべきか、という道徳的=政治的問題に対するアプローチには次の二つのやり方しかない。

一つは、あくまでも所与の、ある特定の具体的な地平の中で、所与の立場に立って、所与の価値観に基づいて——それを適用するという形で——判断する、という(共同体主義的・実体的な)方法であり、もう一つは、その地平を越えて、どの地平から見ても正当な——つまり普遍的な——判断基準を立ててそれに基づいて判断する、という(普遍主義的・形式的な)方法である。

もちろんカント＝アーレントが採用するのは後者の立場である。つまり彼（ら）は、この立場からだけではなく、どの立場から見ても正当な、あるいはこの地平の所属する人々にとってだけでなく、どの地平に所属する人々にとっても正当な、つまり普遍的な判断基準や普遍的な正義の基準を立てなければならない、と主張するのである。

その際カントが依拠するのが――アーレントによれば――「理性の公共的使用」であり、また「拡大された心性」であり、また「構想力」である。

人は誰でも、こういう場合にはこう判断すべきだ、という判断基準は「知識」として持っている。それはこの地平では、あるいはこの立場では通用する、正当なものであろう。こうした知識がないと人は実際どう判断して良いかわからないし、この知識（判断基準）を適用すること――理性の私的使用――が、人を、具体的な場面で判断し、行為することを可能にするのである。だが、同時にそれは、別の地平では、あるいは別の立場の人々には――つまり他者には――通用するとは限らない。つまりこの地平で通用する基準というものは常に限定的なものでしかないのだ。

だが、だからといって人がそう簡単に自分の地平を離れた判断基準を持てるわけではない。人が別の地平にも――つまり他者の地平にも――通用する判断基準を持つためには、つまり自分の地平を離れて別の地平に――つまり他者の地平に――移行するためには、自分だけではなく他者の地平にも「拡大された心性」が必要なのである。つまり、どの地平にも当てはまるように判断すること――理性の公共的使用――のためには、どの他者の立場にも立って、どの他者の地平にも妥当するような、つまり「すべての他者」に妥当する地平を獲得しなければならないのである。少なくともそれは「すべての他者」を前提にしたものとして構想されなければならない。

もちろん、「すべての他者」が現前するわけではない。だから現前しない「すべての他者」をあたかも現前するかのように想定して、その他者の立場に立って判断する、そういう「構想力」が必要となるのである。

これがカント＝アーレントの考える正当な判断というものである。

導きの糸になっているのは「すべての他者」という理念である。

この「すべての他者」に妥当するとされる基準であるからこそ、その基準は「公共的」基準となるのである。「すべての他者」の住む領域こそ、「公共性」の領域に他ならない。

以下、少し長いがアーレントがカントを引きながら説明している箇所を引用しよう。

> 私はあなた方に、カントが一七七〇年代にマルクス・ヘルツ宛に書いた書簡の中から、二つの私的な文章を読み上げよう。
>
> あなたも御存知のように、私はただ反駁したいという意図を持って理由のある異議に近づくことはしませんが、それらを検討するときには、いつも私はそれらを私の判断の中に取り入れ、それらに私の抱くすべての信念を転覆する機会を与えることにしています。こうして自分の判断を他の人々の立場から公平に眺めることによって、私は自分の以前の洞察を改善することになる第三の見解が得られるのではないか、という希望を抱いております。
>
> これによって、公平性（impartiality）が他者の立場を考慮に入れることによって得られることが分かる。公平性は、完全に論戦（mêlée）を越えることによって論争に決着をつけるような、何かより高次の立場の結果なのではない。二番目の手紙の中で、カントはこの点をさらに明白にしている。
>
> 「精神はその柔軟性を維持するために、応分の

量の休養と気晴らしを必要とします」これによって対象を新たにあらゆる側面から見ることが可能になり、そして微視的観察から普遍的展望へと視点を拡大することができるでしょう。こうして今度は、考えうるあらゆる立場を取り入れ、それぞれの観察の正しさを他のすべての観察によって検証するのです。

ここでは、「公平性」という用語は言及されていない。その代わり、他者の考えを考慮に入れるだけ、自分の考えを「拡大する」ことができるという考えが見出せる。「精神の拡大」は、『判断力批判』において決定的役割を演じる。それは「自分の判断を他のすべての人の位置におくことによって達成される。これを可能にする能力は構想力と呼ばれる。『判断力批判』の中の諸節を読み、今引用した書簡と比較するならば、前者の諸節が書簡の中の非常に私的な注意を概念化したものだけしか含んでいないことが分かるであろう。批判的思考は、すべての他者の立場が検査に対して開かれている場合にのみ、可能である。従って批判的思考は、他方では依然として孤独な営為でありながら、自分を「すべての他者」から遮断はしないのである。たしかにそれはずっと孤立しながら進むが、しかし構想力の力によって、それは他者を現前せしめ、そうすることで可能的に公共的でありすべての面へ開かれている空間の中へ入る。換言すれば、批判的思考はカントの世界市民の立場を採用している。拡大された心性を持って思考することは、自分の構想力を訪問（視察）に出かけるよう訓練することを意味する。（『永遠平和のために』の中の訪問権と比較せよ。）

私はここで、ごく普通のちょっとした誤解について警告しておかなければならない。批判的思考の秘訣は、それによってすべての他者の心中で実際に起こっていることを知りうるような、そうした法外に拡大された感情移入のうちにあるのではない。啓蒙についてのカントの理解に従えば、思考えることは、自分自身で考えること、すなわち自立的思考（Selbstdenken）を意味する。「それは決して受動的ではない理性の格律である。そうした受動性に身を委ねることは、先入見と呼ばれる」。そして啓蒙は、何よりもまず先入見からの解放である。私自身のとは異なる「立場」（それは実際には、人々の立つ位置や人々の従属している条件のことであって、それらは常に個人個人で異なり、あるいは比較される階級や集団ごとに異なっている）に立つ人々の心の中に起こっていることを受け入れることは、その人々の考えを受動的に受け入れること、すなわち、彼らの先入見を私自身の位置に固有な先入見と交換するにすぎないのである。「拡大された思想」は、まず「我々自身の判断に付随的に付着する諸制限を捨象すること」の結果であり、また「それによって非常に多くのことが制限されるところの……主観的私的条件」を無視すること、すなわち我々が普通私利と読んでいるものを無視することの結果である。この私利は、カントによれば、啓蒙されておらずまた啓蒙されえぬものであって、現実に制限となるものである。啓蒙された個人が立場から立場へと動くことができる領域が拡大すればするほど、その範囲が広がれば広がるほど、その人の思想は一層「普遍的」となるであろう。しかしながらこの普遍性は、概念の――例えばそのもとに様々な種類のここの建物が包摂されうるような「家」という概念の――普遍性ではない。逆にそれは、特殊的な事柄、すなわち、人が自分自身の「普遍的立場」に達するために通らねばならぬ、様々の立場の特殊的事情と密接に結びついている。この普遍的立場を、我々は先に公平性として語った。それは、そこから眺め、観察し、判断を形成するための観点であり、あるいはカント自身が語るように、人間事象を反省するための観点である。

（LKPP 60－62 傍点引用者）

またアーレントは次のカントの文章を引用し、次のようにも言う。

共通感覚の下に、我々は万人に共通した感覚を含めなければならない。それは、言わば自分の判断を総体的人間理性と比較するために、反省において他のあらゆる人間の表象の仕方を思想のうちで(アプリオリに)顧慮するような判定能力である。……このことは、自分の判断を他者の現実的判断とよりは、むしろ可能的判断と比較することによってなされ、あるいは、自分自身の判定に偶然に付随する種々の制限を捨象しながら、あらゆる他者の立場に身を置くことによって、なされる。……ところで、この反省の作用は、恐らくあまりにも人為的すぎるので、共通感覚と呼ばれる能力に帰するわけにはいかないと思われるかもしれない。しかしそう思われるのは、この作用が抽象的な定式で表現される場合だけのことである。本来、一般的規則として役立ちうる判断を求めようとするならば、感覚的刺激や情動を度外視することほど自然なことはないのである。

この例に、この共通感覚の諸格律が続く。「自立的思考」(啓蒙の格律)。「他のすべての人の立場に立って考えること」(拡大された心性の格律)。そして、一貫性の格律、「自分自身と一致して考えること」(mit sich selbst einstimmig denken)。

これらは認識に関する事柄とは異なる。真理は強制的であり、いかなる「格律」をも必要としない。格律が用いられ、必要となるのは、もっぱら意見や判定の問題に関してである。また、道徳の問題において行為の格律が行為者の意志の質を証言するように、判断力の格律は、共同体感覚に支配された世俗的事柄に対するその人の「考え方」(Denkungsart)を証言する。

ある人の天分の達しうる範囲や程度がいかに小

さいとしても、それでももしこの人が他の多くの人が捕われているような、判断の主観的私的条件を無視し、(他者の立場に身を置くことによってのみ決定しうるような)普遍的立場から自分の判断について反省を加えるならば、このことによってその人が、視野の広い思考の持ち主であることが、示される。(LKPP 108–109 傍点引用者)

27 この紐帯は「行いと話し合いを通じて成立してきた」(WP 89)ものであり、その中で各自が納得できるものとして合意してきたものが、われわれの全体=社会を動かす力=「権力(power)」となる。これは、一部の人間から強制的に与えられる圧政=暴力とは異なり、公的空間=政治の広場に集う人々が全員で話し合い、合意した、自分たちの方向性である。それを全員が納得して受け入れた、という点において、全員によって構成される社会が一つの向きに動く。そう動かす力が権力なのである。

アーレントは言う。「主権というのは、人格という個人的な実体であれ、国民という集合的な実体であれ、孤立した単一の実体によって要求される場合、常に虚偽である。しかし、相互の約束によって拘束された多数の人々の場合には、ある限定されたリアリティを持つ。この場合の主権は、結果的に、未来の不可測性をある程度免れている場合に生まれる。その程度というのは、約束をし、守る能力そのものに含まれている限界と同じものである。この場合の主権というのは、人々全員をなぜか魔法のように鼓舞する単一の意志によって結びつけられた人々の団体の主権ではない。そうではなく、それは、同意された目的によって結ばれ、一緒になっている人々の団体の主権であり、そこで交わされた約束は、この同意された目的に対してのみ有効であり、拘束力を持つのである。」(HC 245)

この力は拘束力を持つ。だがそれは暴力ではない。それはわれわれ自身が納得した、ということのみによって生じる力である。われわれは自分が納得した、そのことによって動かされるのだ。むしろこの力=権力は、われわれが自分の差異を表し、自由に存在できる空間を保障するのである。なぜなら、人々が自由に集い、話し合う空間の中でしか、自由な合意も生まれないし、自分たちが自ずとそれに拘束される力（権力）も生み出されないからである。だからアーレントは言う。公共空間は究極的には行いと話し合いに依存するのであるが、「権力とは、行ったり話したりしている人々の間にあるポテンシャルなものとしての出現の空間、即ち公共空間を存続させるものである。……権力は、人々が共同で行いをするときに人々の間に生まれ、人々が試算する瞬間に消える。」（HC 200）

　こうしてわれわれは一つの社会を共に構成することになる。それは「上」から結びつけられた集合性ではなく、われわれ自身の納得＝合意による共同性である。「こうした紐帯の世界は、総じて個人の力や強さによって生じてきたものではなく、多数の人々によって生まれたのである。この多数の人々の共同から権力の成立が引き起こされるのだが、この権力に対しては個人の力がどれほど強くともこの前では無力な存在となってしまうのである。この権力はありとあらゆる可能的な諸要素によって弱められもするが、また、ありとあらゆる可能的な諸要素によって再び更新されることも可能なのである。最終的に、この権力を片付けてしまうことができるのは暴力だけであって、この暴力が全面化して、文字通り他の石を上に積み上げさせず、他の人間を互いに併存させることがなくなったときである。この両方ともに、全体主義支配の本質をなすことであり、全体主義支配は、内政としては、個人を怯えさせるだけでは満足せず、系統的なテロを通じてあらゆる人間間の紐帯を絶滅していくのである。」（WP 90）

2　リオタールのアーレント批判

2―1　なぜアーレントはポストモダンの問題になるのか

こうしてアーレントの思想は、限りなくポストモダンの位置に近づく。

そもそもポストモダンの基本的な前提とは、世界全体が一つの正義、一つの価値によって統一されることを拒絶しなければならない、というものである。

世界の中には多様な価値観があり利害がある。その中には対立するものも衝突するものもあるだろう。だが、それら現実に存立する諸価値はどれも、自らこそが「真理」であると自負してそれぞれの共同体を統合し、同時に、自らこそが絶対的・普遍的な真理性を持つ価値である、それゆえに普遍化する――異なる他者達を統合する――権利を持つものであると主張してこれまで「神々の争い」を引き起こしてきたのである。そうした対立がわれわれの世界の血腥さを醸成してきたことはおそらく誰もが認めるところであろう。

それらを調停しうるような、あるいはそれらの対立を越えてわれわれを統一しうるような、より高次の超越的価値（真理）があればいいのだが、そうしたものを今のところとりあえずわれわれは持ちあわせていないし、確立することも難しい。だとすれば、何らかの超越的価値によってわれわれの間の対立を止揚することは困難だろう。

だがむしろ、そもそもそうした超越的価値なるものを措定することそれ自体が問題だったのではないか？　超越的価値を立てること自体が、衝突や暴力的包摂というわれわれの時代の問題構成を産み出してきたのではないか？

この疑問符の下で「超越的価値」への梯子を外したのが他ならぬポストモダンだったのだし、まさにそうした超越的価値を拒絶するところにポストモダンの立ち位置がある。世界全体が一つの正義、一つの価値によって統一されることを拒絶しなければならないというポストモダンの立ち位置は、この疑いに起因するものなのである。

ポストモダンから見れば、結局のところ、これら存在する諸価値（「真理」）はすべて、誰かの「物語」でしかないし、普遍性を持つものではない。それらはみんな、普遍性を自称しているもの、そこでは（あるいは彼らには）信じられているものでしかない。地域や民族や信条の違いを超えてすべての人が守るべき普遍的・超越的な、実体的価値（真理）を確立することは誰にもできない。どれがより良い地平なのかという尺度さえわれわれにはない。どんな超越的・調停的な価値を立てようと、それは結局は「その地平では有効な」価値でしかなく、「どんな地平でも有効な」価値ではない。どんな価値も地平依存的な価値でしかないし、どんな調停者や観察者も自分の地平の価値から中立ではあり得ない。要するに誰も、中立的な、あるいは超越的な価値を普遍的なものとして定立することはできないのだ。それなのに、この多元的地平を、例えば何かの、もしくは誰かの価値によって、あるいはもっと直截な力によって統一するとすれば、むしろその統一の過程そのものが暴力なのだ、ということ。これがとりあえず現代の前提なのである。

だからポストモダンにおいては、全体の正義なる「大きな物語」はもはや権利を持たない、ということになる。リオタールは言う。「極度の単純化を懼れずに言えば、《ポスト・モダン》とは、まずなによりも、こうしたメタ物語に対する不信感だと言えるだろう」（CP 7）と。「到来しつつある社会は、（構造主義あるいはシステム理論が示すような）ニュートン的人類学に属するよりは、むしろ一層、分子論的な言語行為論に属しているのだ。多くの異なった言語ゲームがあり、すなわち言語要素の異質性がある。これらの言語要素が制度を生みだすとしても、それはそれぞれの個別面に応じてでしかない。それはローカルな決定論である。」（CP 8 傍点引用者）

そこにあるのは、個々の複数のささやかな語り＝「小さな物語」に基づく、その都度のローカルで可謬的な正義でしかない。それらを統率し統制するような単一の超越的正義はもはやどこにも存在しない。「全体」はすでに廃棄されている……。

こうしてポストモダンは、自らの前提として一定の相対主義を必然的に背負うことになる。[1]われわれが全体として共有しうる価値は存在しない、あるいは仮にあったとしてもそれは単なるフィクションでしかない、正当化に耐えうる全体的真理はおそらくどこにもないのだ。あるいは、そういうものはない、という前提にわれわれは立たなければならないのだ。

それはまさに、超越的価値が持つ、統合する暴力からわれわれの差異を守るための戦略でもある。

だが、この代償として、ポストモダンはいわば一種の真空状態に置かれることになる。それは、「共通の物語」も「共有されるべきアイデンティティ」も共にその力を喪失してしまった、相対主義の必然的な帰結としての価値的真空状態である。

そこでは、もうわれわれは、簡単に「われわれ」と言うことさえできない。近代においてわれわれが自らを語るものとして採用してきた「人間」や「市民」、あるいは「国民」という同質性の物語も、「大きな物語」と共に疑わしいものとして却下されてしまったからである。


こうして、ポストモダンは、現実に存在する、複数の異なる、あるいは対立する多元的地平を前にして途方に暮れることになる。

しかも、われわれは共存しなければならないのである。


だが、もし、もはやわれわれが「われわれ」と言えず、「互いに差異あるもの」という自己理解しか持てないとしても、その異なるわれわれが、異なるわれわれとして共存することは可能なのだろうか。[2] 依拠すべき大きな物語を破壊されたポストモダンの世界の中で、必然的に生じてくる、この価値の相対主義――あるいは「神々の闘争」――に、われわれはいかに対処することができるのか。異なる小さな物語を持つ＝異なるベクトルに顔を向けている個々の「私」・達が、「共通の」地平を構築することはできるのか。いったい、このポストモダンの枠組みの中で、その個々の異なる「小さな物語」を持つ「私」・達は、どうやって共有しうる正義を構築することができるのか。リオタールの言葉を借りて言えば、「メタ物語が崩れた後で、正当性はいったいどこに存するのか?」(CP 8)

これが、ポストモダンが直面する基本的問題なのである。

換言すれば、ポストモダンの問題とは、いったいどうすれば、暴力的な一元化に陥ることなく、なんらかの差異の調停の論理を構築できるのか、という問題なのだ。

それは、ある意味で相対主義を必然とするポストモダンの枠組みの中で、いかに相対主義を克服していくことができるのか、という困難な問いでもある。

アーレントがポストモダンから注目されるのはおそらくそのせいである。いくら差異があろうとわれわれは共生できるし、しかも差異を保ったままで、自由な人間同士として共同体を構築していくことができるはずだ、と彼女が考えるからである。

アーレントにおいては同一性を敷延していくことこそ暴力なのだ。いかに形を変えようと、彼女にとってそれは全体主義のヴァリエーションでしかない。差異や対立は承認されなければならない。「差異」は悪しきものではなく必要なものなのだ。それを承認しないと、自由は失われてしまうだろう。人とは違う「私」が存在する、という、その自由は許されなくなるだろう。

だからアーレントにおいて差異は確保されなければならない。

だが、差異を前提とした上で、その差異の間の対立の調停をすること、そのことによってどの「私」もが共通の場所に生存することを互いに確保し合うこと。

それは可能なはずである。そう彼女は考える。

それを可能にするのが彼女にとっての「政治」なのである。「政治」とはまさに、差異を持つ「私」＝「他者」たちによって構成される、この自由の空間に他ならないのだ。そしてその空間——政治の空間——こそ、アーレントが求めた公共性の空間＝「広場」なのである。


だが、われわれの世界にはもうこの「広場」はない。そうアーレントは考える。結局のところ国や民族といった共同体は大きな「家」でしかなかったのだ。われわれが直面している様々な対立や衝突は「家々の争い」だったのだ。そして、家々の争いが「神々の争い」に陥りがちであるということ、それが力による覇権以外に今のところ有効な解決策を見いだせないでいるということ。そのことこそ、二十世紀を通してわれわれがさんざん経験してきたことだったのである。

しかも、家々の争いが熾烈になればなるほど、個々の家が自己内部の成員に対する統制を強めることもまたわれわれはよく知っている。世界の中の対立が家々のそれとしてしか存在しないとき、家・共同体によるメンバー各人の組織化＝回収は徹底的なものになってしまうし、まずなによりも先に（「敵」を叩くより先に）、家・共同体の中で徹底的に「他者」が排除されてしまうのだ。

「われわれは一丸となって闘わなければならない」というのがそのフレーズである。共同体の存続のためには、「一丸となって闘わない」者は「内なる他者」として排除されなければならない。それは、「われわれ」が共同体の存続のために、家にとって脅威となる「外の敵」なる他者を排除する上でどうしても必要なことなのだ。

こうして「他者」を排除することによって、われわれは、家を維持し、同時に広場＝政治を失い、公共性を失い、われわれ自身の自由の空間を失ってきたのである。

他者たちの「広場」＝公共空間を構築すること、再び「政治」を取り戻すこと。

ポストモダンが彼女から受け継いだのは、まさにこの問題なのである。

のか。

2―2　リオタールのアーレント批判

だが、果たしてわれわれに「広場」を持つ可能性は残されているのだろうか。あるいは、アーレントの枠組みは本当に公共性を、あるいは他者たちの「広場」を可能にするのか。

先述のように、アーレントに一貫するのは、「全体」に抗して「私」を――あるいは差異を持つ他者としての「私」の自由を――確保するという意志であった。この、全体に回収されない「私」の確保＝他者性の確保こそアーレントの「広場」が求めたものであり、彼女の言う公共性という理論的枠組みもそのために設定されたものであったといえる。

確かに、アーレントが言うように、もし差異を持つ「私」が、差異を持つままに承認される空間が確保されたなら、それはおそらく公共空間を――つまり「誰のものでもない」からこそ「誰にでも」「開かれた」空間を、あるいは多様に異なる人々＝他者たちの共存のために確保されるべき自由の空間を――保障するだろうし、同時に、それはそのまま、「統合ではない形での他者たちの共存」というポストモダンのアポリアに可能性を開くものであるだろう。

だが、このアーレントの枠組みは、本当に「私」を可能にするのか。つまり「私の」差異を確保するのか。
　リオタールの批判はその点に向かう。

2―2―1　「誕生」、「伝統」、「判断」

　リオタールはアーレントの三つのモチーフを取り上げる。それは、「誕生」、「伝統」、「判断」のモチーフである。

　「誕生」は、アーレントの中心的な位置を占める。それは先述の通りである。「私」は、話すこと、行いをすることによって初めて世界に「誕生」するのだった。「誕生」によって、人間の存在が始まる。身体としての誕生が出生という事実だとすれば、話すことと行いを通して自分自身を現すことは、第二の、そしておそらく世界への「真の」誕生なのであった。それが人間を他のものから分ける決定的な相違である。人間だけが「誕生」する。人間だけが自己を現すことができる。人間だけが、世界の中で、自らの「生」の物語を持つ。人間だけが世界の中に「誕生」し、人間だけが世界の中で「生きる」のである。

　アーレントは言う。「自然にも、また自然がすべての生あるものを投げ込む循環運動にも、私たちが理解しているような誕生や死はない。人間の誕生と死は、単純な自然の出来事ではない。それは、唯一で、他のものと取り替えることのできない、そして繰り返しのきかない実体である個人が、その中に現われ、そしてそこから去ってゆく世界に係わっている。誕生と死は、ある世界を前提としている。その世界はコンスタントな運動の中にあるのではない。むしろ、それが耐久性をもち、相対的な永続性をもっているからこそ、人間はそこに現われ、そこから消えることができるのである。いいかえれば、世界は、そこに個人が現われる以前に存在し、彼がそこを去ったのちにも生き残る。だから人間がその中に生まれ、死んでそこを去るような世界がないとすれば、そこには、変化なき永遠の循環（eternal recurrence）[3]以外に何もなく、人間は、他のすべての動物種と同じく、死のない無窮の中に放り込まれるだろう。……

しかし、もし「生（life）[4]」という言葉が世界に関連づけられ、誕生から死までの期間を意味するように考えられる場合には、それはまったく異なった意味をもつ。その場合、生は、始まりと終りによって区切られ、世界における出現と消滅という二つの最高の出来事に制限されて、完全に直線的な運動を辿る。……この特殊に人間的な生の出現と消滅が世界の出来事を構成するのであるが、その主要な特徴は、人間の人生が、出来事に満ちており、その出来事は最後には物語（story）として語ることのできるものであり、伝記（biography）を作り上げることのできるものであるという点にある。アリストテレスが「ともかく一種の実践（*praxis*）である」といったのはこの生、つまり単なる生命（zōē）と区別された生（bios）についてである。」（HC 96－97 傍点引用

者）

「単なる生命（zōē）と区別された生（bios）」とアーレントは言う。もちろんここで語られている動物と人間の生の二層性は、あの人間の生の二層性――家において生き延びるための私的生と、広場において自己を表す公的生――に重なっていく。そしてもちろん、アーレントの言う人間の生（life-bios）とは、世界の中で現れて生きる公的生、つまり広場における自己の現出に他ならない。

人間だけが「生（life-bios）」を持つ、と言える。なぜなら人間だけが、言葉と行為を持つからである。「言葉（word）と行為（deed）によって私たちは自分自身を人間世界の中に挿入する」（HC 176）のだし、「話すことなき生活、行いなき生活というのは、世界から見れば、文字通り死んでいる」（HC 176）のだ。だからこそ「単なる生命（zōē）と区別された生（bios）」としての人間の「生」は、私の差異を表す＝伝えることによって「私」が世界に現れること――つまり「誕生」――を通して初めて可能になるのであった。[5]

だがリオタールは、このアーレントの「誕生」に、「あまりにも人間主義的なもの」を見る。そして、この点に関して、つまり「当然、新たに開始するという天命をもつものとして定義された人間の人間性という概念への無批判な同意に関して」（LD 69）疑問を呈するのである。

リオタールはこう言う。

「私がいっそう面白く思うのは、アーレントが、負エントロピーのエコノミーのなかで〈出生という事実（fait de la natalité）〉に果たさせている役割である。……行い[6]をする能力は出生という事実のなかに「存在論的に根を下ろしている」と言われている。このことをどう理解すべきなのか。この事実とは、「新たな人間たちの誕生」、「彼らが……新たに始めるという事実」であると彼女は書く。そしてこの事実は、「ひとりの幼子がわれらのために生まれた」というあの新たな福音のうちに表明されているという。」（LD 69－70）

だが、これにリオタールは「同意することをためらう」（LD 70）。

なぜならアーレントは「いわゆる出生の原理と、行動の奇蹟を授ける力に、贖罪の美徳、防衛的（*protectrice*）とでも呼べるであろう美徳を与えてしまっている。この美徳が、さまざまな回り道、改悛、躊躇を通して、しばしばアーレントの思考のエコノミーや戦略を支配し、その争点を制限しているように私には思える」（LD 70傍点リオタール、傍点引用者）からである。

アーレントにとって「誕生」は美しい。

だが、誕生とは「美徳」なのか？

確かに誕生を通して人間は世界に――われわれのもとに――存在する。誕生を通して人間は人間になる。そしてそのことによって人間のものである世界もまた存在することができる。もし仮に新たな人間の誕生――物語の始まり――がなかったとしたら、アーレントが言うように、人も世界も物や動物と同様に、消滅へと進行する永遠の無意味な循環的過程を辿っていくことになるだろう。

だからこそアーレントは、「すでに起こった事にたいしては期待できないような、何か新しいことが起こるというのが、「始まり（beginning）」の本質である。……新しいことは、常に奇蹟の様相を帯びる。そこで、人間が行い（action）をする能力をもつという事実は、本来は予想できないことも、人間には期待できるということ、つまり、人間は、ほとんど不可能な事柄をなしうるということを意味する。それができるのは、やはり、人間は一人一人が唯一の存在であり、したがって、人間が一人一人誕生するごとに、なにか新しい唯一のものが世界にもちこまれるためである。この唯一の存在である人間一人一人についていえば、たしかに、それ以前には誰もいなかったといえるだろう。「始まり」としての行いが誕生（birth）という事実に対応し、出生（natality）という人間の条件の現実化であるとするならば、話すことは、差異性の事実に対応し、同等者の間にあって差異ある唯一の存在として生きる、複数性という人間の条件の現実化である」（HC 177－178）と言うのだった。

だが再び、誕生とは美徳なのか。

人間が人間になることとは美しいことなのか。本当に誕生は「なにか新しい唯一のもの」を持ち込むのか。むしろアーレントの言う「誕生」とは、実は「生き延び」でしかないのではないか……。

リオタールはそう疑うのだ。

それは、私が、すでに出来上がっている世界の中に誕生してこなければならないからである。世界はすでに出来上がっている。伝統を持ち、その伝統によってがっちりと構築されている。その中に誕生しなければならないということ、その世界の中で存在を承認されなければならないということは、必然的に「私」の同化を暗示している。

「伝統が豊かになり、権威をもつにつれて、子供たちは次第に無から生まれてくることがなくなってゆく。つまり、より裸でない状態で生まれてくる。彼らは、自分たちが死と誕生を跨ぎ越している連続性のなかに登録されていることを保証されて」（LD 76 傍点引用者）いるのである。

伝統の中で、「私」は誕生する。伝統という存在論的前提を抜きにして、私は人間であることができない。だが、この「登録」の保証が「私」のメンバー登録の保証であるとき、伝統の中への誕生は、限りなく「私」から何かを削ぎおとしていってしまうように見える。

いったいこの伝統の中で、「私」の自由は可能なのか。たとえば「私」が自由に判断するということは可能なのだろうか。それは「私」の判断なのだろうか。

そこにいるものを、なおも「私」と言うことは可能なのか。

おそらくそうではない。

「これらの形姿のなかには、私たちが語ってきた生き延びの逆転された形姿、不可避な減価償却の過程を中断するものとしての誕生と子供を想起させるものは何ひとつない。」(LD 73 傍点引用者)

私は伝統の中に誕生することを通して、常に既に、あらかじめというかたちで回収されてしまうのだ。「一民族の文化、民主主義的組織といったものも、アイデンティティが永続化するのを可能にする様相」(LD 73) なのであり「無気力な生き延びを可能にする」(LD 73) ものである。そのなかで、むしろ、この誕生は世界＝社交界 (le monde) へのデビュタントである。私は「私」と引き替えに、「私」の可能性と引き替えに、「新人」として「すでにそこにある」冷ややかな世界へデビューするのだ。このわれわれの世界の伝統の中に生まれてくること —— われわれの「文化」の一員になるということ、民主主義社会の一員になるということ —— そのなかには、「私」が限りない差異を持つものとして自由に誕生する余地はもともとなかったのだ。

あるいはこうも言うことができるだろう。実は、このアーレントの「誕生」の構造は一つの逆説を持つのだ、と。

話すことと行いによって自分の差異を表して初めて人間が世界に現れる＝誕生することができ

るのだとすれば、それは、人間が、他の人々に見られ、聞かれて初めて誕生することができるということである。人々に行いを見られ、話を聞かれることができて初めて「私」は存在するのだ。ただそこにいるだけでは私は存在しない。世界に現れる＝誕生するというのは、まさに人々の目の前に姿を現す＝現前するということなのである。

だが、もしそうだとすれば、私は、私の行いを人々に見られ、私の話す声を聞かれなければ──私の表れを現れとして認識する他者の存在がなければ──存在することができないということになる。私がいくら話し、行いをしようと、それを聞き、見る他者がいなければ、私は現れる＝存在することができないのだ。つまり、私の「現れ」は、「現れ」を承認する他者に依存するのである。

だとすれば、アーレントにおいて、「私」の存在は、「私」の主体的な何らかのあり方によって可能なのではなく、人々に「見られ」「聞かれ」「物語られる」という受動態において可能になる、という特殊な存在構成を持つことになる。「私が話す」、「私が行う」、そのことによって「私」が「私」を表す、という、一見、主体的な誕生の構成は、実は、他者によって承認される「表れ」のみが「現れ」うる、という受動的構造を先行条件として持つのである。

人々は「私」を見、聞き、私を物語る。まさに「私」は物語られるという構造において人々の前に存在＝誕生する。「あの人はこんな人であった」「こんな出来事を残した」と人々に物語られる「私」は、だから、まさに私の行いと話す声によって人々の前にひとつの意味＝物語として現前した「私」なのであり、ひとつの意味＝物語として語られる限りでの「私」であったのである。[7]

だとすれば、結局、アーレントが誕生によって確保しようとする「私」とは、あるいは「私」の権利とは、何だったのだろう。むしろそれは、「私」に、この民主主義社会の一員＝「市民」であることを条件にした上で与えられる諸権利――市民として公的世界の中で存在を認められる権利、「人間」として、つまり祖国、仕事、家庭、市民権を持つものとして発言する市民の公的権利、せいぜいのところ、民主主義的市民の公的権利――に還元されてしまうもののように思われる。

だからリオタールは言うのだ。結局「これらの権利の享受はそれ自体が、〈出生〉という見地からすれば生き延びでしかありえないのではないだろうか。私は単純にこう言ってしまいたい。たとえその共同体が民主主義的になろうとも、それは凡庸なエントロピーの脅威から決して免れることができない」（LD 72 傍点引用者）のだ、と。

この社会の中で「私」として誕生＝存在すること。
おそらくそれは無限の差異性を「私」に許すものではない。
それは結局のところ、既にある社会の市民として存在することであり、それは私がこの世界の中で市民として生きることを保証すると同時に、私を市民としての存在に限定することでもあったのだ。

「私」の存在の承認は、そのまま「私」の存在を限定する。そこで許される「私」の差異は、「われわれの市民」として許される範囲のものでなければならない。「市民」として承認され、その権利を享受するためには、「私」は「市民」にならなければならないのだ。

だが、そうだとすれば、「私」の誕生とは「市民」としての誕生＝同化でしかなく、その誕生とはもはや生き延びでしかない。

だが――結局、誕生は同化でしかないのだとしても――それをわれわれが拒むことはできるのだろうか。われわれが――いくら「私」を確保するためだと言っても――その伝統の「外」に立つということは可能なのだろうか。

たとえば、亡命者のように？

2―2―2　亡命者

亡命者はこの伝統とこの世界の他者である。

彼は「外」にいる。だが、それは拒否された他者である。リオタールは言う。「亡命者（*réfugiés*）にとって開かれている避難場所はどこにもない、彼らが避難した土地の民族に、詩的にせよ市民としてにせよ、同化するという避難場所（terre d'asile）すらありはしない」（LD 73 傍点リオタール）。

亡命者は所属を拒否されている。彼は同化さえ拒否されているのだ。それはわれわれの一員となることを拒否されているということである。彼はわれわれの「中」にいるが、他者として「中」にいるのだ。彼は「外」にいるという仕方で「中」にいる。どこまでも「外」のものとしてわれわれの「中」にいる亡命者には、だからわれわれの土地は与えられない。彼には所有は禁じられている。彼にはわれわれの物語を共有することも許されない。われわれの言葉で自らを語るということは、亡命者には拒否されているのである。

だが、「「土地を共有する」というよりもむしろ、物語を――非蓋然的なものの誕生と死を――共有する（*partager le récit*）権利、判断を共有する権利と言った方がいいかもしれない。この共有の拒否、見捨てられることを、誰が許し得よう、誰が赦免することができよう。」（LD 76 傍点リオタール）

物語を共有してはじめて、私は、「われわれ」と言うことができる。そして「われわれ」と言うことによって私ははじめて「私」を語ることができる。そうして初めて、私は私を語る言葉を得、同時に私の名を得るのである。

そのことで私はわれわれに同化されてしまうだろう。だが世界を離れては私のアイデンティティもまた失われてしまうのだ。そしてどの「われわれ」からも物語の共有を拒否された者、どの「われわれ」からも名前を与えられることを拒否された者、どの「われわれ」の中においても「外」にいることを強いられる者が亡命者なのだとすれば、「この共有の拒否、見捨てられることを、誰が許し得よう」。

私が同化の中での誕生を選択するのはそれゆえである。「共有の拒否、見捨てられること」よりはその方がましだからである。名前さえ与えられず、存在そのものをうち捨てられるより、同化の方がまだましだからである。

だが、だからこそリオタールは、アーレントの「誕生」が、あまりにも「防衛的」であると批判するのだ。

私は私の生き延びのために伝統の一員として誕生することを選択する。だが、私が自分の生き延びのために伝統の中に逃げ込むことで、私は、伝統を生き延びさせるのである。だとすれば、私の生き延びとこの共同体の生き延びは共犯関係にあるのだ……。

だが、それ以外に私に存在する場所が与えられるのか？　いったい、世界から見捨てられた——物語られることから排除された——私に、どこに居場所があるというのか？

私は生き延びるために＝誕生するために、共同体に承認されなければならなかった。そのために私は、「私」をあらかじめ共同体に承認される「私」に削減する。

むしろ私は、この世界の中で「生き延び」るために自らを引き渡しているのだ。

それは「私」ではない。

「本当の私」などというものがもはやどこにもないとしても、少なくとも「承認されるための私」は「本当の私」ではない。

だが、少なくともそれは、「本当の私ではないもの」として存在するのだ。そしてそれは、「これは本当の私ではない」という形の希求として、そうではない私、ここでは排除されてしまった「私」を探させるのである。


排除されてしまった「私」は、「他者」として、あるいは「亡命者」として、すべてのわれわれの「外」に排除されてしまった哀しみにおいて、存在する。

「追放、迫害、Shoah〔殲滅〕、虚無への派遣のこれらすべての加速された様態は、魂に確実な伝統による救いを残してはおかない。それらは魂の哀しみに、ただ卑劣さに対してイエスかノーかを言う責任だけを、精神の子供、真の親子関係の継承である判断の能力だけを残しておくのである。」(LD 74 傍点引用者)

伝統の中にいれば、私は守られてあることができたのだ。伝統の中にいれば、私は「正しい」

こと「良い」ことを間違えずに判断することができたのだ。私は伝統の地平に依拠して「正しく」あることができた。それが「正しい」こと、間違っていないことは、このわれわれの伝統が既に常に支持してくれたのだから。

もちろん、伝統の「われわれ」の一員としてのその「正しい」判断は、「私」のものではない。それは「私」の判断ではない。それはせいぜいのところ「みんながそう言うから」「そういうことになっているから」というだけの、この地平の中では間違っていないというだけの、そういう受動的な判断でしかない。だが、それは「私」の判断ではないからこそ、私が過つ可能性はないのだ。それは私の責任ではない。私は伝統の「われわれ」の判断を「私」の判断として語るということにおいて、伝統の一員として「われわれ」の中で支持され守られて、しかも正当に存在することができるのだ。

だがそれは「私」の判断ではない。それは「私の声で語ったわれわれの判断」でしかない。

「私」の判断というものがもし可能だとすれば、それは、伝統から見捨てられ、メンバーから除外されて、もはや依拠するものも支持してくれる地平もない、わかってくれる者もいない、なんの足場もない、おそらくそういう場所での判断でしかないだろう。

亡命者の判断がそれである。

だがそうした「判断」を共同体は許してくれない。それは「判断」とさえみなされないだろう。共同体の住人であるわれわれ＝大人たち、既に自分と引き換えに世界に誕生してしまった者たちは、新しい者たちにこう言うだろう。おまえは誕生したければ、この世界に存在したければ、われわれの価値を共に唱えよ、と。われわれの言葉で語れ、と。それができなければおまえは誕生することはできない、と。おまえは、われわれの「中」に存在することができなくても良いのか、と、そう「大人」は迫るのである。

それでも、こうした「卑劣さに対してイエスかノーかを言う責任」は「魂の哀しみ」のなかにおいてやはり可能なのだ。リオタールはそう言う。

おそらくそれは、常に「だがそれでも」――あらゆる先行するわれわれの共同体的協約に反して、「だがそれでも」を伴う口籠もった言辞であり、「私」が責任を負うしかない、そういう判断として可能なのだ。

誰もそれが正しいとは言ってくれないだろう。その責任は、そう「判断」した「私」が負うしかないだろう。ここでは理解されなくてもいずれ誰かがわかってくれる、いずれ救われる、という望みさえも持ち得ないままに、ただ自分は排除されるだろうという「哀しみ」のままに、「だがそれでも」「私」はそう言うのである。

そこで初めて私は「私」と言うことができるのかもしれない。そのことによってわれわれの他者にされるかもしれないということを通して、「他者」として初めて――世界の「外」で――「私」は「誕生」するのかもしれない。

リオタールは言う。「幼いヴィーゼル[8]の夜のなかで、「なぜあなたは私を見捨てられたのですか？　あなたは存在しないということなのですか？」という叫びのなかで、契約のひとつの約束の想起がかいま見られ、弱々しく口ごもられながら語られる。すなわち誕生のそれが。」（LD 74）すなわち、この「反省しつつある判断のなかで作動しているのは、そのたびごとに、独自の仕方でのひとつの主体の誕生」（LD 75）なのだ。

「私」を確保することは――アーレントに反して――世界と伝統の「中」への誕生としては可能ではなかったのだ。それはおそらく、こうした「伝統と同化の終わりなき逡巡」（LD 73）の中断においてのみ可能なのだ。というよりむしろ、伝統と世界から離れて＝見捨てられて、伝統と世界の「外」で初めて――拠り所をなくしてはじめて、人は「私」に立つことができるのだ。世界の中の私の場所を失い、世界の中の私の名を失うことによって、はじめて私は「私」に立ち帰るのである。

それはもう「私」とは言えないもの、人々に物語られもしないもの、「　」としてしか言い得ない空白なのかもしれない。もはや語るべき「私」はなく、語られるべき「私」もなく、置かれるべき私の名札もない。私はもう、かつて私がそうであったものではない。私はもう、「である」で語られるものではない。私は、「ではない」ものでしかない。

だが、その「ではない」という空白にしか、おそらく「私」の在処はないのだ。それは決して安穏な守られた承認ではない。承認が与えられるはずもないだろう。だがそうだとしても、伝統と世界の「外」で、伝統と世界の「他者」としてでなければ、人は「私」として「誕生」することができない。

「私」は誰からも見捨てられたものとしてはじめて存在するのだ。

だとすれば、亡命者とは、実は「私」自身なのだ。私自身が「他者」なのだ。われわれの一員であることを拒まれ、排除されてはじめて「私」自身に立つことが可能になるのだとすれば。

だが、そこで得られる「私」とはいかなるものなのか？　世界と伝統の「外」に、つまり「われわれ」の「外」に立つ「私」は、いかにして存在しうるのか？　私はすでに世界と伝統の「中」に——もうすでに——巻き込まれているというのに。

私は亡命者ではない。

私はすでに「われわれ」なのだ。

2―2―3　生き延び

「伝統へと話を戻してみよう。伝統とは生き延び（une survie）であるしかないということによってつねに脅かされている。複雑さの一状態、活動（œuvres）の一状態は伝統によって（少なくとも）ある世代から別の世代へと維持される。こうして子供たちは、知識や技量や感情や、あるいは最も一般的な意味での共存の、洗練され、十分に根拠づけられた組み合わせにもとづいて、彼らの嘆きと彼らの責任を展開するのである。……伝統が豊かになり、権威をもつにつれて、子供たちは次第に無から生まれてくることがなくなってゆく。つまり、より裸でない状態で生まれてくる。彼らは、自分たちが死と誕生を跨ぎ越している連続性のなかに登録されていることを保証されて、非存在の感情までも、つまり虚無といういかなる関係ももたないものとのあらゆる関係までも失いうる。にもかかわらず、もっとも〈増大し〉、もっとも権威を与えられ、もっとも〈結合力のある〉伝統においてさえも、いかなる返答もこの伝統のうちにはない何かの謎が、密かに精神のなかに宿り続けねばならない。〈なぜ私なのか〉という問い、死の個別性と同様に、共有しえない誕生の個別性の謎が。この謎が存続していさえすれば、精神は文化と伝統の世界の手前に近づくことができる。精神を幼年に、つまり準備のできていない状態に維持しておくことができる。

伝統が、「すでにそこに［ある］」（déjà là）という冷ややかで無慈悲な生き延び行為でなくなるのは、誕生の非蓋然性に課せられた死でなくなるのは、ただこの謎が精神に到来する可能性が保存されていることによってのみなのである。しかしまさにそれゆえに、もしその可能性が残されているなら、メランコリックなあるいは驚嘆すべき不確実性が、幾世代にもわたって、絶えず伝統とそれが育んだコンセンサスの足場を揺るがすことができるのである」(LD 76–77 傍点引用者)。

リオタールはそう言う。

謎が到来すれば、と。謎が存続していさえすれば、文化と伝統の世界の手前に近づくことができるのだ、と。「いかなる返答もこの伝統のうちにはない何かの謎」が、われわれをこの伝統の手前に――「外」に――連れ出すのだ、と。そして、伝統と、それが育んだコンセンサスの足場を揺るがすことさえもできるのだ、と。

だが、それは何の謎なのか?

それは非存在の謎である。

亡命者がそうであったように。

それは「ではない」という謎である。

亡命者は「われわれ」から排除されていた。彼は既にわれわれの世界の中では存在を与えられない者＝非存在であった。彼はその居場所のなさ＝承認の拒否ゆえに、「われわれ」から排除されたが故に、必然的に「われわれ」ではないもの＝「私」に立つことを余儀なくされた者であった。だが、この「われわれ」、承認された者、一員として誕生してしまったわれわれにも、伝統との共犯的な生き延びから、あるいは「われわれ」の「中」から抜け出て、「私」に帰る可能性が残されている。

それは私の生き延びの限界点、即ち私の死においてである。

私は生きていることを保証されていた。存在を保証されていた。亡命者と違って、安全な、「われわれ」の中で承認された存在を、私は保証されていた。その保証の中で、私は生き延びてきた。

だが、私はそれでも死ななければならない。自分自身を疎外することと引き替えに世界での誕生＝生き延びを確保してきた私は、それでも死ななければならないのだ。私は、「なぜ私が？」と問いながら世界の中での存在を失わざるをえない。

結局私自身も死によって非存在になるのである。[9]

だが、もともと私は非存在だったのだ。

私自身の死＝非存在の契機は、私自身が本来、この世界内の存在ではなかったことを、非存在であったことを、つまりこの世界には誕生という形で外からやって来た者であったことを参照させる。

リオタールは言う。

「実体はすなわち二回、必然的に二回、〈自らの〉非存在に関係づけられている」(LD 59 傍点引用者)。

それは、「現れ、消え去ること」(LD 59)であり、「自らの始まりと終りとに関連づけられているような時間のそれ。つまり実体が、存在者としての自らの存在へとやって来て、その存在から去ってゆく」(LD 59 傍点リオタール、傍点引用者)こと、つまり誕生と死のそれである。時間系において、存在するものは全て、この世界という生の舞台に現れる前と後の二度——かつて存在していなかった昔ともはや存在しない未来——非存在と、関係づけられている。

「今」は、私は存在している。

だが、存在している「今」でさえ、実は私は存在で満たされているのではない。「今」存在している存在者は「かつて存在していなかった者」であり「いつか、もはや存在しなくなる者」である。リオタールは言う。「すでにあった存在者……は、その規定において、もはや存在しない、つまりほかのものであることができない、と同時に、ほかの、いわゆる〈後続する〉瞬間の力(=導関数)であり、その瞬間からもはや存在しないものとして生じる」(LD 60–61

傍点リオタール）のだ。

だから「今」存在している者は「かつて存在していなかった者」、つまりかつての「非存在」である。

だが同時に、「存在しているものとは生あるものであるが、自らのまだないを保持しており、それゆえすでに死んでいる」（LD 61 傍点リオタール）。

今、存在している者は、今は存在している＝生きている。だが彼は、同時に「まだ死んでいない」者である。彼は「まだ死んでいない」ということを今すでに所有している者、つまり、すでに今「死ぬ者」＝「死者」なのである。だからこそ「いま、現前しているものさえも、「もはやそこにない」ということへとすでに運命づけられているものとして感じられるのであり、「いま、あれほど生きているふうに見えていても、すでにもう死んでいるのではないか？」と〈予防線を張る〉メランコリーの対象となり得るのである。」（LD 63）

「今」はあらかじめ失われている。「今存在している存在者」は、「今しか存在していない存在者」であると同時に「今は存在しているかつての非存在」であり、「今は存在している未来の非存在」であるという重層的な非存在なのだ。

だとすれば「唯一の本当の存在というものはそこにはない。見かけのこのような逆転は、形而上学に場処を与える。永遠の現在、生きた現在はつねに不在である。存在は存在者（あるもの）ではない。」（LD 63）

この意味において存在者はすでに非存在である。

同時に「生」は「生き延び」である。

なぜなら、それは私が存在＝世界の中へと入ってきて、この存在＝世界の中で、存在者として生き延び続けていく過程でしかないからである。

しかもそれは誕生の死せる生き延びである。

なぜなら、この存在＝世界のなかへ誕生として到来した非存在は、この存在＝世界のなかでは、すでに（あるいは予め）死んでいるからである。


だが、非存在であることを彼は許されない。

彼は、存在者としてわれわれの世界に誕生しなければならない。存在者は、非存在に繋がれたまま存在を義務づけられているのだ……。


だが、どのようにして？

「まるで……のように」して、である。

2―2―4　まるで……のように

「始まりの謎としての生についてのこの思考は、そこで問題になっているのが罪の許しでも反抗でもなく、細心さであるときにのみ受け容れうるものである。まるで……のように（*comme si*）という細心さ。ニヒリズムの試練のうちに、（永久に続く）絶望と懐疑主義への移行過程にある精神、なすべきことも、言うべきことも何もなく、価値ある存在者、せめて存在している存在者さえもありはしないということを知っている精神は、まるでそれでもそれが存在しているかのように振る舞うのである。」（LD 66 傍点リオタール）

この「まるで……のように（*comme si*）」は、「……ではない」、あるいは「……がない」と等値である。「……ではない」からこそ、私は「まるで……のように」振る舞うのだ。だから「まるで……のように」は、「……ではない」を、あるいは「……がない」を内包している。それをあきらめている。それはもうわかっている。「まるで……のように」存在する私は、「……」ではないのだ。にもかかわらず、あるいはだからこそ、細心に、できうる以上に細心に「私は、まるで……のように」存在しようとするのである。

この存在の世界の中で「……ではない」者として「存在する」ことはできない。だとすれば、わたしにできることは、「……ではない」のに、「まるで……のよう」な貌をして

「生き延び」ていくことしかないのではないか？

だが、それでもやはり、私は、本当は「…… ではない」。私はあたかも「…… ごっこ」をしているものでしかない。このことを忘れていられるとき——ごっこ遊びをしているということを忘却していられるとき、私が「まるで …… のよう」なのではなく、「…… である」と信じられるとき、私は世界内存在であり、「大人」である。

そのとき私は、自己を存在者＝「名」と同一視することができる。そのとき私は世界内存在として安定し、安心して「われわれ」になることができる。われわれによって構成されるこの世界も、安定して持続することができるだろう。

だがそれは、私は本当は「…… ではない」のだということを——非存在を——忘れていられるときだけである ……。

非存在を忘れて、「大人」は、「虚無の〈現前（présence）〉、誕生と死の、共有しえない個別性の〈現前〉」（LD 78）から目を逸らして、世界にしがみつき続ける。それは、「虚無との関係や、幼年の負債については聴く耳をもたず、多忙さのなかでそれらから「気をそらしてしまう」普通の人々」（LD 80）なのである。

「大人」は、忘れたがるのだ。そしてそれを忘れるための装置が、かつてアーレントが批判した全体主義であり、また現代の全体主義である「多忙さ」なのだとリオタールは言う。「全面的な活性化」（LD 80）としての多忙さは、この意味で大人が作り上げた優れた忘却システムなのである。

「この善良な（bon enfant）〈全体主義〉の歴史上の名称は、もはやスターリングラードでもノルマンディーでもなく、アウシュヴィッツでもなおさらなく、ウォール街のダウ株価指数や、東京の東証株価指数なのである。

万人によって共有されるイデオロギー（しかしそれは果たしてイデオロギーなのだろうか？）は、生き延びるためにとにかく何がなんでも発展し、複雑化してゆかねばならないというものである。敵は人間ではなく、エントロピーである。……そして判断し、想像し、新しいものの誕生に賛辞をおくる能力は、ここでは窒息させられるよりも、むしろ請い求められている。だがそれも、成果を要求する行為遂行性の行き詰まるような多忙さにおいて求められているのである。」（LD 82）

だから大人は多忙でなければならない。大人は多忙であることを必要としているのだ。だが、それはイデオロギーとしての多忙さである。[10]「この発展がイデオロギー的であるのは、それが事物の現実という点で常軌を逸しているからではなく、存在論的謎としての誕生と死の不安を排除するからである」（LD 82）。

むしろ大人は多忙さにしがみついているのである。「多忙な生き延び」(LD 82)だけが、大人に非存在を忘れさせてくれるからである。
こうして大人は、大人を続けていく。

忘れないのは「子供」である。[11]
自分がごっこ遊びをしているということ——つまり自分が本当は「……ではない」ということ——を「知って」いるのは「子供」である。
「子供」は今自分がそうしているものが、「そうしている」だけのものでしかないということ、自分が「……ではなく」、「まるで……のよう」に振る舞っているだけのものでしかないことを「知って」いる。本当は、私は、この存在者——この「名」として世界・内に存在するもの——では、「ない」のだ。
子供はそれを「知って」いる。[12]
この、「私は、本当は……ではない」という負い目。大人が忘れたがっているこの負い目=負債は、世界内の「存在」に絶えず被さる「本当は……ではない」という「非・存在」の影であり、非・存在から負わされた負債である。
それが私の負債である。本当は、私は「……ではない」のだ。
「子供」はその負債を背負っている。大人は忘れている。

「子供」は忘れることができない。忘れることができないで、大きな目を見開いて、なぜ？と問う。なぜ、あなたはまるで、なにかある存在者《名》のように振る舞っているのか？　と。あなたは存在者《名》ではないではないか？　と。本当に存在するものは何もないではないか？　と。[13]

あるいは子供は、自分が「……ではない」という負債を自分の責めとして負っている。自分はまだそうではないのだ。自分はそうならなければならないのだ、だが、まだそうではないのだ。そういう負債から逃れようとしないで、逃れることも知らないで、子供は負債を背負っている。

「精神において幼年期は、幸福と無知ではなく、依存の状態である。幼年期はそれ自身、その状態を脱して、「大きく」なろうと努力する。幼年期は得意に思って自分の無責任の証人となるのではなく、それを嘆きながらそうするのである。」(MP 169)

自らのものとして責めを負うその目は、自らのものとしての責めを忘れることで生き延びている大人を、見るのである。

子供は見るのだ。

「子供は、まるで……のようにということに精通している。子供は、無力さゆえの痛みに、幼すぎることの嘆き、(他の人びとよりも)遅れてきたことの、(力に関しては)未熟で、あまりに早く到着したことの嘆きに精通している。子供は、守られない約束に、苦い幻滅に、卒倒することに、見捨てられることに、そしてまた夢想に、記憶に、問いかけに、発明に、強情さに、心を聴くことに、愛に、物語を感受する真の柔軟さに精通している。子供とは、いまだかつていかなる返答もなされたことのない何かが宿っている魂の状態であり、子供は、自分が人質であると感じているこの未知の主人に対する驕傲な忠実さによって、さまざまな企てにおいて導かれている。アンチゴネーの幼年。私はここで、子供を、負債に対する従順さ、生の、時間の、出来事の負債、あらゆることにもかかわらずそこに存在していることの負債と呼び得るようなものにたいする従順さとして理解している。このような負債を執拗に感じ続け、これを尊重することによってのみ、大人は、ただ生き延びているだけの者、消滅を猶予されて生きているだけの者であることから救われ得るのである。」(LD 66 傍点リオタール、傍点引用者)

2—2—5 遅れてきたことの嘆き

子供は、遅れてきた。だが、どこに? 世界に、である。もはやすでにこの世界は出来上がっている。存在者ではないにもかかわらず、まるで存在するものであるかのように存在しているこの世界は、子供の到来に先立って、すでにある。その出来上がった世界の網の目のなかに——この世界の骨組みが解体しないように固く締め付けている緊張したボルトとボルトの間に——子供は、入れてもらわなければならない。自分も、まるで——まるでそれが存在するかのように、信じている、ありもしない存在者であるかのように。

子供は、幼すぎるゆえに、無力すぎるゆえに、その地平の固い骨組みをどうすることもできない。子供は、世界を構築している骨組みの権力の外側に、従順な人質として、いる。「しかない」、という仕方で、従っている。

子供は、遅れてきた。だが、いつ？

遅れるというのは、時間でもある。子供は、つねに遅れてくる。なぜなら、世界は、つねにすでに出来上がっているからである。先立って出来上がっているもの——つねにすでにあるもの——という存在の形式が、世界として結晶する権力である。この時間的な存在の形式が、権力を動かしがたいものにし、〈先だって存在する世界＝権力〉と、〈そこに後から遅れてくる子供＝自分自身を人質に取られている者〉を区画する。

だから、子供は、つねに遅れてくる。むしろ、遅れてくる者が子供なのだ。それを子供と呼ぶのだ。

あくまで、子供は、遅れてきた者である。彼はいつも幼すぎ、無力すぎる。だが、この世界の中で、子供は他者ではない。子供には他者の持つ権利もない、という仕方で、彼は——他者ではなく――子供なのだ。

遅れてきた者にたいしては、いまだかつていかなる返答もなされたことはない。それは、遅れてきた者が、遅れてきた者としてつねにすでに同等の他者ではないからであり、返答を求める権利を持たない者だからである。

彼は答えを求める権利を持たない。また、だからこそ、彼が問うことは許されない。それはむしろ驕傲である。

たとえば、「大人」に対して問うことが可能だろうか。たとえば教壇に立つ教師に対して。なぜあなたはそんなところに立っているのか、どうして私たちはあなたを先生と呼ばなければならないのか、そもそもいったいあなたは「何」をしているのか、と問う問い。この問いが、驕傲なものでないことが可能だろうか?

だがそもそも、問いはすべて驕傲なのではないか? 問いとは、いかなるものでもその根底に先だって存在しているものに対する疑義を――それ自体、なぜそうなのか、なぜそういうことができるのか、という根本的な疑義を――含んでいるからである。だから問いは驕傲なのだ。それが驕傲であるのは、彼が遅れてきた者であるにもかかわらず、彼の問いが、この世界それ自体の正当性への問いを内包しているからなのだ。

問いを驕傲にするのは、世界のもつ時間的な先行性＝権力である。あるいはそれは恐れからである。多忙な生き延びを続けて大人が忘れたがっているもの――それはまさに自分自身が本当は「……ではない」のだという非存在の負債である――を、問いとして突きつけられることに対する恐れである。

だから、その問いにたいしては、いかなる返答もなされることはない。子供は、〈従順に〉従うしかない。結局のところ〈まるで……のように〉でしかない世界のなかで、そしてこの世界が結局のところ〈まるで……のように〉でしかないということを見きわめながら、それでもまるで……のように。

自分が子供でありうるということ、非存在に繋がれているということ、問うことができるということを、彼は忘れなければならない。そして、こうして自分を非存在から切り離して、非存在に対して閉ざして、世界と自分とわれわれを安全にしなければならないのである。しなければならない？　いやむしろ、それは「約束」――アーレント――なのだ。

子供は既に大人なのである。子供が「誕生」するということは、実は既に世界の一員＝大人としての誕生なのである。「誕生」が、既存の共同体の人々による承認を前提として内包するものである以上――「人間の誕生と死はこのような世界を前提としているのである」――それは、お互いに一員＝大人であること、一員＝大人であり続けることを「約束」した生き延びなのである。

アーレントの「誕生」は「約束」なのだ。

だから問うこと＝中断することは許されていなかったのだ。

そもそも非存在は排除されていたのだ。彼は誕生からさえも排除されていたのだ。

異他なる者は、われわれに中断をもたらし、われわれ自身の非存在性を露わにする他者としてではなく、いずれ一員に成るべき非・大人＝「子供」――異他なるものではなくわれわれに遅れてきたもの――として、あらかじめすでに包摂された上で存在＝誕生を許されたのであった。


われわれはわれわれ自身の非存在性に耐えることができないのだ。

われわれはわれわれ自身が本当は「……ではない」のだということ、もしかすると存在すらしていないのだ、ということに耐えることができないのだ。

われわれの共同体の紐帯さえも、「われわれ」が非存在だとしたら失われてしまうだろう。

だからわれわれはこの非存在の負い目を無いものにしなければならない。

この非存在の負い目を無いものにすること、非存在＝存在の他者に対してわれわれの世界の円環を閉ざすこと。その上で、この世界の中で意味のある存在者であることを互いに保証し合うこと。

それが、世界の中で「私」が――あるいはわれわれの世界それ自体が――生き延びる条件なのである。

だが、これが公共性なのか？

2―2―6　アーレントの「広場」

リオタールは、アーレントの公共性を再び検証する。

彼が取り上げるのは、アメリカの市民運動についてのアーレントの立場である。

「アーレントはことにアメリカで顕著な市民運動（イニシアティヴ）と市民団体の急増に、国民国家の驚異的な全体主義に対する、つまり非存在の忘却に対する一種の防衛あるいは抵抗を見てとった。黒人と白人の学童のバスでの送り迎え[14]をめぐる対立と危機のなかで、就学者の混合を推し進めるための連邦措置が無理矢理実施されようとしていることに対する地方当局やその地方の家庭の抵抗を、それが支えていることがわかる。このようにして市民社会が、実際の経験とかけ離れたところで布告された法（事実アメリカでは特に一九六〇年から一九七〇年にかけてこうしたことがしばしばあった）に対して、個人あるいは地方の具体的な自由（ここではこの自由が子供と関わっているだけにことに重要である。）を守るための組織形態を自発的につくり出すことができるということ、そのような能力のうちにアーレントは、具体的徹底的に、理論も基準もな

く判断する力、すべての精神によって共有される力の反響を聴き取っている。」（LD 86 傍点引用者）

アーレントが意図したのは、自発的な市民運動の中に、公共性の実現を見出そうとすることであった。それはこの場合、黒人児童と白人児童を同じ学校に通学させようとする上からの「連邦措置」に対して、従来通り黒人児童と白人児童の学校を分けるべきだ、という「市民たち」（「地方当局やその地方の家庭」として表象される）の「自由」な声＝「市民運動」の空間として顕現する。

アーレントにおいて、まさにこの運動は、「われわれの自由な言挙げ」に基づくものであり、しかもそれはわれわれとしての市民たち「すべての精神によって共有される力」の反響であった。そのかぎりにおいてそれは真に公共性の可能性を開くものと思われたのである。

だが、これをリオタールは批判する。

リオタールが異議申し立てをするのは、「そこから次のように結論し得るとすること、つまり、人が共存の自主管理（l'autogestion de l'être-ensemble）と名づけうるもの（思うにそれは誤って名づけられている、なぜならそれは一種の自己主張（Selbstbehauptung）なのだから）、まさにそれによって全体主義に政治的社会的に取って替わるものを顕在的にであれ潜在的にであれ組織することができるとすること」(LD 86－87 傍点引用者) に対してである。

ここでは「われわれ」の声は、黒人と白人の就学者の混合教育を推し進めるために無理矢理推進されようとしている連邦措置に反対する声として響いている。従来、黒人と白人の学童は分離して教育されていたのに、その経緯を全く無視して一挙に混合教育を進めるという「全体主義的な」国家の強制を、市民たちの声が拒否するのである。だとすれば、ある意味で、これは確かに自然で自発的な、「市民感情」や「地域の実情」に根ざした声――言挙げ――ではあるだろう。それは「共存の自主管理」ではあるだろう。

だが、これを公共性として良いのか?

それはむしろ「自己主張 (Selbstbehauptung)」ではないのか? それも、「他者」と出会うための自己表出ではなく、他者を排除するための自己拡張なのではないのか? はたしてそこには「自己」の向こう側にいるはずの、つまり「広場」にならいるはずの「他者」の場所が確保されているのか?

リオタールは、ここにアーレントの枠組みの限界を見る。

「被抑圧者の闘争を組織していた直接的評議会に少し前まで置かれていた希望を、地方の自発的運動――それはしかし今日のシステム、つまり民主主義的システムの設立に有用ではある――の可能性へと移行することは、イデオロギーなしにはできないだろう。革命的抵抗の諸形態から、民主主義的法の枠内での市民権の自由な行使への移行、これはその原理においていまだなおあまりにも防衛的であり、その意味でイデオロギー的である。それはひとつの生き延び行為である。」(LD 87傍点リオタール、傍点引用者)

リオタールに言わせれば、いくら自発的な市民の声だとは言っても、それは「それ自体、全体主義的なもの」(LD 87)である。「連邦措置」が、ではない。市民たちの言挙げそれ自体が、「全体主義的」であり「防衛的」だ、と彼は言うのである。「今まで自分たちが暮らしてきた地平をみんなで守ること」にそれは常に向かうのだ。その地平は、自分たちの地平である。自分たちが慣れ親しんだ地平である。どうしてそれをわれわれ自身で破ろうとするだろう。それはむしろ常に自分たちのものであり、自分たちに権利があり、自分たちで守らなければならないもの、むしろ自分たちそれ自体なのである。

だとすれば、アーレントの市民たちの自由な言挙げによって「全体主義に政治的社会的に取って替わるものを組織すること」(LD 87)など、できはしないのだ。まさにここでも「自由な市民たちの声」は共通の利害の下で一つのものとして響いているのだから。それは、「われわれにとって共通の」利害である。その「共通の利害」によって「われわれ」は結集する。そこに働く一つの力は、非存在を排除する「われわれ」の力である。非存在＝他者を排除することによって、われわれの共同体を確保し続けようとする力である。それが「われわれ」を一つにし、「われわれ」の声を一つのものとして響かせるのである。

この声は生き延びたいわれわれの声なのだ。

だが「われわれ」というアイデンティティを守り続けるために、それに抵触するものを排除し続けようとすることは、やはり「防衛的」な「生き延び」でしかない。

だとすれば、この自発的な市民たちの協働も、結局のところ「大人」達が自らの非存在を忘却するために依存する全体主義といったいどこが違うと言うのだろう?

リオタールはそう批判するのである。

2—3　孤独なものとして、孤立の哀しみに充ちた砂漠において

「公共性」がポストモダンの要請であるかぎり、それは個を全体の要素に還元して共同体を維持しようとする全体主義的思考を拒否して、あくまでもすべての差異に対して開かれていることと、複数性を許容するものであることをその本質とするものでなければならなかった。アーレントの枠組みはまさにそのために構成されたものだったのだし、同時にそれは、「大きな物語」の超越論的正当性を喪失したポストモダンにとって、唯一可能な共存の可能性を開く方法でもあった。

だが、そのアーレントの構成は、結局、「私」を「われわれ」の中に回収してしまわざるをえない。しかも、その「われわれ」の声——コンセンサス——が自然で自発的なものであるということによって、この「われわれ」の決定の中に既に常に入り込んでその地平を構成している既存の伝統と既存の世界の正当性は棚上げされてしまうのである。

そのことによって決定的に「他者」は排除されてしまう。同一の伝統と同一の地平であらかじめ構成された「われわれ」は、躊躇無く——ごく自然で自発的に——われわれの円環を、他者と非存在に対して自足的に閉ざしてしまうのである。

ここではもはや複数性は可能ではない。

だが、だとすれば、ここはもはや公共性の場所ではない。結局のところ、それはかつてアーレ

ントが拒否した「家」の論理の再現でしかない。それは「家」が新しい形をとって――「市民たちの自発的な共同」という形を取って――再現されたものでしかないのだ。

だが、それでは、はたしてポストモダンの公共性は可能なのだろうか。

アーレントの公共性のなかでは実現できなかったポストモダンのこのプログラム――他者と非存在に対して開かれ続けるという公共性の規範――は、いかにして確保されうるのか。

リオタールの答えは再び「子供」に戻る。

「私はここで、子供を、負債に対する従順さ、生の、時間の、出来事の負債、あらゆることにもかかわらずそこに存在していることの負債と呼び得るようなものにたいする従順さとして理解している。このような負債を執拗に感じ続け、これを尊重することによってのみ、大人は、ただ生き延びているだけの者、消滅を猶予されて生きているだけの者であることから救われ得るのである。」(LD 66)

たしかに、そうだろう。

もし、リオタールが言うように、非存在を執拗に感じ続けること、これを負債として自覚的に担い続けることができれば――つまり「子供」であることができれば――われわれの社会は、「他者」に対して開かれ続けることができるかもしれない。われわれがむしろ自分自身の非存在に開かれていること、そのことを通して、私はわれわれではなく、「私」として、「他者」に開かれることができるのかもしれない。

だが、どうやって？

どうすれば、私は私自身の負債を感じることができるのか？　この私に、この存在の日常の中で非存在の負債を感じ続けるということが本当に可能なのだろうか。

すでに私は世界の中の大人であるというのに。

そもそもその負債は、「われわれ」の負債ではなかった。われわれが迎えるべき他者とは、「われわれ」の他者ではなかった。なぜなら、「われわれ」というものは、そもそも存在しないからである。「われわれ」とは、非存在の不安から互いに防衛しようとする私・たちの共同の虚構としてしか存在しないのだ。「われわれ」という存在形式の中で守られてありたいという私の意志が、つまり自らの非存在を忘却していたい＝無いことにしてしまいたい私の意志が、「われわれ」を構成しているのだ。「まるで〈われわれ〉であるかのように」存在しているのは、実は私自身だったのである。

この、私の意志が、非存在を拒否する。そして、この、われわれという在り方、守られてあるわれわれという在り方自体が、生き延びと引き替えに私を回収するという仕方で、他者とともに私自身の他者性を拒否するのである。

だから他者とは「われわれ」の他者ではない。他者は、「私」の他者なのである。非存在が私の非存在であるからこそ、私は非存在を表象する他者を拒否し、排除するのである。

他者が私の非存在と響きあうのだ。だから私は他者を排除するのだ。

だとすれば、われわれの共同体に（象徴的な意味での）亡命者を受容しよう、他者もわれわれの仲間として中に入れてあげよう、などという簡単な善意で、まさにこの私の非存在を暴露しかねない他者というものを受け容れることなど、そもそもできるわけがなかったのだ。

負債は、「われわれ」の負債ではない。守られてあるということと引き替えに自分を引き渡してしまった「私」の負債だったのである。

だが、この後ろめたさ、この負債――「……のように」という記号としてのあり方＝存在に対して非存在が突きつけてくる負債――は、「忘れた」からといって、決して解消されるものではない。

リオタールは言う……たとえ死によっても、この負債は返済されないのだ、と。「誕生の負債は死という出来事によって返済されるだろう、受け取った魂は返済されるだろうという信条さえも、無慈悲な子供の激しさには逆らわない。子供の〈まるで……のように〉は、あらゆる建設を頓挫させるのである。」（LD 67 傍点リオタール）

生きているときは誰でも「…… のように」を演じているのだ、たとえそれが自分自身の「本意」ではなくてもみんなそうやっているのだ、それが人生だ、そうやってみんな生きて死ぬのだ、だからそれでいいのだ、そうしなければ生きていけないのだから……というわけにはいかないのだ。それで済ませるわけにはいかないのだ。

子供の目――「あなたはいったい〈何〉をして（演じて）いるのか？」と問う目――が、すべての「それでいいのだ」を中断させてしまう。

それは、大人たちが消し去りたい「私は何をしているのか」という問いを、あるいは「私は誰なのか」という問いを、目の前に無慈悲にぶら下げてしまうのである。

「誕生の負債」、つまり一種の取引のように、一種の迎合のように、「誕生してしまった」という負債、生き延びるために「われわれの一員としての〈私〉」として「誕生すること」＝「承認されること」を私は選んでしまったのだ、という負債、その私の負債越しに、子供の目は私を見るのだ。

それは無慈悲に、私をわれわれからひき剥がして私の目の前に吊す。

だが、それはどうすれば可能なのだろう。

この世界のなかで、忘却システムとしての緊密な世界のなかで、非存在を排除して良き大人であることを強制し続ける共同保証システムとしての世界のなかで、そのコンセンサスのなかで、非存在を保つこと。「子供」であること。それはいかにして可能なのか。でなければ複数性など考えることはできない。「他者に開かれる公共性」は虚妄でしかないだろう。

だが、何が私を開くのか？　負債に対して、この他者——あるいはこの他者の姿を通して響いてくる私自身の非存在——に対して、何が私を開くのか？

「子供」など回収してしまうことは簡単である。他者を排除して忘れてしまうことは簡単である。自分の負債を忘れてわれわれの中に防衛的に生き延びることは、われわれにとって、いつもあまりに簡単なのである。「われわれ」というシステムがそれを可能にしてくれるのだ。「われわれ」というシステムが、私を私の負債から守ってくれるのである。そのシステムが、私の目から私の非存在を隠してくれ、それをさらけ出す他者の脅威から私を守ってくれ、私を私から忘れさせてくれるのだ。

だが、もし、この「われわれ」という在り方が、他者＝私の非存在を排除するのだとしたら、私は、他者に対して開かれてあるためには、われわれという在り方自体を拒否しなければならないだろう。つまり、われわれという在り方自体を拒否し、われわれという在り方から離れることが、私が他者に対して開かれる条件となるのである。

だからリオタールは言う。「誕生あるいは子供、始まり、つまり判断する能力、確かにこれらはあり続ける。しかしそれは〈孤立の悲しみ〉のなかにである。」(LD 87)

リオタールは、「われわれ」というこの全体主義的システムから、私が「孤立」しなければならないと言うのだ。

「物理的世界にあるさまざまな複雑性の生き延びの方へと原理的には向けられている現実のなかで、もうひとつの生き延び、非存在に対する感受能力は、それにどのような名前を与えようとも、いつまでも存続する負債であり、そこにパスカルの歓喜とカフカのメランコリーは避難場所を見出すのだが、それも孤独なものとして、孤立の哀しみに充ちた砂漠においてのことである。」(LD 87 傍点引用者)

孤立すること、むしろ私の孤立を「私」の可能性として保持すること。

それだけが、「われわれ」という緊縛を解く。そしてそのことだけが、私の差異をわれわれというかたちの回収から守り、私を他者に対して開かれたものにする。そうリオタールは考える。そして、「このような魂の現状から出発してこそ、共同体の、共存の問いは、いま、立てられ得るのだし、立てられねばならないのである」(LD 87)。

そう彼は言うのだ。

2―4　沈黙

たしかにそうだろう。

私は、「差異のないわれわれ」――それは常に、たとえ今は差異があったとしてもいずれそれは回収されるだろう、われわれは和解できるだろうという予定調和的なわれわれとして現象する――の中に逃げ込みたいのだが。そこで、所与の「われわれ」の中で、生き延びを保障され、安らいで存在したいのだが。

だがその中では、私は「他者」であることができない。「他者」が、暴力的な包摂を被らずにそこで存在することはできない。世界の中での「生き延び」＝世界の中への「誕生」と引き替えに、私は他者＝「私」として存在することを自ら閉め出してしまうのだ。

だとすれば、他者を――あるいは他者として存在する私の自由を、あるいは公共性を――確保するためには、私は「われわれ」であることを、「われわれ」の中で守られてあることを、そして私の「生き延び」を、手放さなければならないのだろう。私は「孤立」しなければならないのだろう。

それを、私は受け入れなければならないのだろう。

だが、孤立するというのはどういうことなのだろうか。

リオタールが何よりも嫌悪するのは、差異の回収である。それは「私」という存在を抹消するし、個々の「小さな物語」を「大きな物語」の中に取り込んでしまうし、ローカルな正義というポストモダンの規範とぶつかる。だからリオタールにおいては——というよりむしろポストモダンにおいては——まず差異が確保されなければならなかったのだ。それがポストモダンの条件である。

だとすれば、ここで立てられる「共存の問い」も、もちろん、あくまでも差異を確保した上での共存でなければならないということになる。差異は差異のままで保持されなければならない。「私」の差異を無くし、「私」を「われわれ」に解消してしまうような契機は、なんとしても避けられねばならないのだ。[15]

まず差異が確保されなければならないとしたら、第一に警戒しなければならないのは「合意」である。つまり広場＝アゴラでの市民たちの合意——「コンセンサス」や「コミュニケーション」——の持つ潜勢力である。

合意の中に溶け込んでしまった差異は、今は既に「われわれ」の中に解消されてしまったかつての差異ある「私」のものであった。だが合意の中にはもう異論＝差異は無い。しかもわれわれの間で互いにわかり合おう、異論の調整を図ろう、という目的の下でなされるコミュニケーションは、どうしてもその中に合意への——つまり異論の撤回＝「私」の回収への——圧力を内包してしまう。まさに、コミュニケーションが目指す「コンセンサス」が様々な言語ゲームの異質性を踏みにじる」(CP 8)のである。

だからリオタールは、コミュニケーションとそれが求めるコンセンサスを警戒するのだ。まさにアーレントの二十世紀のアゴラでなされた市民たちの合意がそうであったように、むしろそれは自分たちの生き延びのために全体を包括する暴力性を持つのではないか? しかもそれは現実に自分たちの他者——この場合は黒人児童だった——を排除するだけではなく、あらゆる小さな違和の声を一つの合意の中に一掃してしまうのではないか。そこではもう「私」は維持され得なくなってしまうだろう。どんな他者も、差異ある「私」の自由も、「われわれ」の合意の中に抹消されてしまうだろう……。

リオタールが「合意」や「コミュニケーション」に向けるのはそういう嫌疑なのである。

確かに、コミュニケーションしていくこと、コンセンサスを作っていくことは、確実に「私」を「今」の場所から動かすだろう。

それは「私」を今のままで留めておくことを——今の差異を維持し続けていくことを——不可能にする。そもそもコミュニケーションがコンセンサスを目指すものである限り、コミュニケーションが続けられれば、その過程の中で、当初はあった個人の差異も、最終的にはコンセンサスの中に溶解してしまうだろう。

少なくとも「合意」というものはそうした溶解を要求する。

その意味でそれは「私」に対する――あるいは差異に対する――暴力なのかもしれない。コミュニケーションしなければならない、コンセンサスを形成しなければならないとしたら、そしてそれが規範としてわれわれを縛るとしたら、そこではもはや、差異ある「私」を、あるいは私の差異を――それは同義である――維持することは不可能である。

なによりもまずコミュニケーションは、リオタールが求めた個人の「孤立」を許さない。コミュニケーションは、互いに向き合うことを、話し合って理解し合うことを求めるからである。それは「差異を差異のままにしておくこと」を許さない。そこではもはや私は他者であり続けることはできない。

おそらくそれは確実だろう。

だからこそリオタールにとって、コミュニケーションは個人の差異を解消し、システムを維持する暴力以外の何者でもないのだ。

リオタールはこう言う。「それ［合意に対する関心：引用者注］は同時に、体制（système）のいだく関心でもあり、私が先に述べたように、体制の計算にもとづく関心なのだ。ボードレールはそれを〈売春〉と名づけていた」（MP 181）。リオタールの見るところでは、コミュニケーションとその成果としての合意は、結局のところ、それを通してわれわれが個々の「私」の持つ差異を棚上げし、「私」の存在を私の生き延びのために体制に売り渡す装置なのである。[16]

だが、語ることが、しかもコンセンサスを目指してコミュニケーションすることが、必然的に「私」の暴力的な回収に帰結するのだとしたら、それに抗して、われわれは何をすることができるのか?

リオタールの答えは「沈黙」である。

だが沈黙は、ただ単にコンセンサスの暴力から自らの差異を防衛するためだけに採用される手法ではない。

沈黙は、自己防衛の戦略であると同時に、というよりむしろ、実は、私が誠実に他者に向き合おうとする時にこそ生じる機能でもあるのだ。

そもそもわれわれはすべてを語れるわけではないのだ。

それは、今ここで語ることが不都合だから、とか、話しても理解してもらえないから、あるいは時間や機会が足りないからということではない。

むしろ私はわれわれの言葉で語れない何かを抱えてしまっているのだ。

いくら語ろうとしても語れない何か、言葉を積み重ねてもそこから漏れてしまう残余、私に到来しない言葉、それを私は抱えてしまっているのだ。私は必然的に、どうしても語れない何か、表せない何かを自らのうちに抱えているのだ。だが、その「残余」、表そうとしても表すことのできない残余、われわれが「苦しみながら宙吊りにしているそのモノ」（LD 9）、むしろそれこそが「私」を構成しているのではないのか？

リオタールが「抗争（le différend）」として概念化したのはまさにこの「語られない何か」、「現れたがって苦しんでいる未だ現れていない何か」の下にある状態である。

それは「文にされうるはずの何ものかがいまだ文にされえていないという、言語活動における不安定な状態であり、その瞬間である。この状態は否定的な文である沈黙を含んでいるが、それと同時に原則的には可能である文を呼び求めている」（DI 29）のだ。

何かが言えるはずだ。どうにかして何かが語られるはずだ。だがこの言葉ではない、既存の言い回しでは言えない。この状態は、これらの否定的な文――「ではない」――としてしか語れない沈黙である。

だがそれでも、それは語られうるはずなのだ。それは語られうるだろう。だからこそ、この言葉「ではない」、言え「ない」という焦燥に満ちた否定形の沈黙が生じるのだ。未だそれは語られることができないのだが。

私は未だそれを言葉にすることができない。だから私は沈黙せざるを得ない。

沈黙せざるを得ない、という仕方で、私は言葉を失って沈黙するのである。それをすべての「私」は潜在的に含んでいる……。

あるいはむしろこの「残余」が、「精神の幼年時代」としての「インファンス」=「子供」を標づけているのだ。

「抗争においては、何かが文にされることを「求め（demande）」ており、今この瞬間に文にされえていないという不当な被害に苦しんでいる。そのとき、伝達の道具として言語を用いているものとばかり信じ込んでいた人間たちは、沈黙に伴う苦痛の感情によって（また、新たな特有語を発明する際の喜びの感情によって）、自分たちが言語によって呼び求められていることを学ぶ。しかしそれは、すでに存在している特有語のなかで伝達可能な情報の量を自分たちのために増やすためではなく、文にすべきものは現在自分たちが文にしえているものを遙かに越え出ており、いまだ存在していない特有語をつくりだすことが自分たちに許されねばならないということを認めるためなのである。」（DI 30 傍点引用者）

だとすれば、むしろ「沈黙」は「現れ」である。未だ語られていないもの、未だ語られ得ない何かがある、語りたい何かが、それなのに語り得ない何かがある、ということの現れである。

その「残余」に余地を与えることだけが、「私」に余地を与えるのだ。「ではない」というあり方――「ではない」という補集合の形でしか言い表すことのできない非存在――でしかあり得ない「他者である私」に、それは余地を与えるのである。

沈黙の中で、「「感じやすいたましいの持ち主」にとって、自分がありのままではないこと、他者でありかつ他者でないこと、その他者に返答し、その他者について責任を持つ必要があるのに、その他者は何もはっきりとしたことは求めてくれないこと、こうした苦しみが続」(MP 182)くだろう。だが、その持続する苦しみの中で、はじめて、「ではない」あり方＝他者が維持されるのだ。

「ありのまま」の私は「私」ではない。語られる私は「私」ではない。われわれの言葉で語られうる「私」、われわれの言葉で所有されうる「私」は、「私」ではない。

沈黙は、沈黙でしか語り得ない語り方でそれを語るのである。

もし、「語られないもの」は存在しないのだとすれば、あるいは表されたものだけが現れ＝存在だとすれば、その構成の中では、現れないもの、表されることの(でき)ないものは、存在しないものとして閉め出されてしまうだろう。

その構成の中では、語られないこと、語れないことにおいて存在する「私」は、聞かれることの場＝アゴラに誕生することができないだろう。「ではない」という仕方でしか存在できない他者は、もはやそこには居場所を持たないだろう。つまり、アゴラ＝広場のコミュニケーションの中の合意によってわれわれがわれわれを決定し、政治の行く末が決まるとすれば、そしてそれが市民たち全員による公共性の実現される場なのだとすれば、そこには、語れないものを語れないままに、現れたがっている沈黙として背負う「私」＝他者は、誕生する余地がないのだ……。

おそらく、それこそがむしろアーレントの公共性の、あるいはそもそも「コミュニケーション」というものが内包する暴力なのである。

だが、それが「合意」なのか？「合意」だと言えるのか？あるいは、語られたことだけで成立する「合意」がはたして「有効」なのか？そうした「合意」に政治の権限を委託してよいのか？

「語られたことだけに基づく合意」は二重の意味で包摂的である。

ひとつには、私がそもそもわれわれの言葉でしか語れないということにおいて。「私」は「われわれ」の言葉で語るとき、既に「私」を「われわれ」の言葉に翻訳＝包摂しているのだが、合意のプロセスが進行するというのはこの包摂がますます進むということに他ならない。またもうひとつには、それが「語られ得たこと」に基づく合意でしかないにもかかわらず「成立」した合意は、それが「語られ得ない残余」を含んでいるということを隠蔽する、あるいはむしろ「合意」が成立したということが「残余」を消去するということにおいて。[17]

むしろリオタールが言うように、そのような「合意は罪の償いではなく、罪の忘却」(MP 182)でしかない。「合意」は、大人たちの、自分たちの生き残りのために非存在を排除した罪の忘却の上に成り立つものなのだ。あるいはむしろ、それは、そのために非存在を排除することを容認する合意なのである。

こうして、「合意」によって、非存在＝「他者」が、決定的に、しかも「正当」に、閉め出されてしまうことになる。

だが、そうだとすれば、「人びとの言挙げと合意によって公共性を維持し、開かれた他者たちの空間をコミュニケーション的に形成する」、というアーレント・プロジェクトはそもそも不可能だったのである。

語られない「残余」＝沈黙は聞かれねばならない。

それを聞かないことは、沈黙する者＝他者＝「私」を犠牲者にするだろう。

「告訴人は法廷に提訴し、被告人はその告訴が事実無根であることを示そうとして議論を進める。ここにあるのは係争である。これに対して、私が抗争（différend）という名で示そうと思うのは、告訴人が論議する手段を奪われ、そのために犠牲者となる場合である。もし証言の送り手、受け手、意味が無力化されるならば、およそ損害などはなかったということになる」（DI 24）だろう。「犠牲者とは、自分が受けた不当な被害を証明することができない人のこと」（DI 22 傍点引用者）なのだ。

だから、沈黙は聞かれなければならない。語られることを待っているあるもの、「ではない」という形で、あるいは沈黙という形で、語られることを待っているあるもの——抗争——を、われわれは聞かなければならない。……むしろこの「抗争を証言すること」は、「或る種の文学の、哲学の、そしておそらくは政治の課題」(DI 30) なのだ。

そしてそれが、差異を確保した上での共存というポストモダンの公共性が背負わなければならない政治的な軛なのである。

2—5　アポリア

沈黙は聞かれなければならない。

他者の誕生が、沈黙という形でしか現れえないものだとしたら、あるいは現れないという形の「現れ」としてしか存在しえないものだとしたら、沈黙は聞かれなければならない。そして、それがアゴラの市民たちのコミュニケーションと合意のユニゾンの中に埋もれてしまうものであるならば、私は、むしろ他者の声を聞くために、合意の持つ統合力を拒否して、孤立の中で他者の沈黙を聞き続けなければならない。たとえそれが私に与えられてきた承認と市民権を失うかもしれないという孤立の危険と表裏のものであったとしても、むしろ私は他者の声を聞くために、そして自分自身を合意の専制から解放するために、コミュニケーションの外に、孤独の悲しみの中に立たなければならない。

少なくとも政治は——リオタール以降のポストモダンの政治は——もう、そこからしか出発することができないのだ。

だが、沈黙を聞くことはできるのか？

沈黙を聞き、そこに他者の誕生の余地を開くというリオタールの要請が、本当にリオタールの構成の中で可能なのか？

そこで出てくるリオタールの「孤立」が、こうしてコミュニケーションと合意への疑義という帰結に向かうとき、再び「誕生」はアポリアに陥ることになる。

なぜなら、「私の孤立」は、「他者の誕生」が必然的に生み出すはずの「われわれの生き延びの中断」に結びつかないからである。

沈黙が「私の孤立」に向かうとき、その沈黙は、あるいは孤立は、「われわれ」の外部のものに留まり、「われわれ」の中での、あるいは「われわれ」を解体するものとしての棘=違和にはなりえない。たとえ私が心の中に孤立を抱えて「本当は私は……ではない」「本当は私は他者である」と思い続けていたとしても、それが人々=「われわれ」の目の前に現前しないとしたら、それが何になるのだろう?[18]

それはわれわれの共同体の安定を中断させはしない。まさにわれわれのこの共同体によって既に疎外された他者たちに対して、あるいは、自分の非存在性=他者性を忘却してわれわれの安定の中に安住している、既に自己疎外した大人たちに対して、あるいはその複雑な疎外の構造に対して、それはいかなる中断も与えることができない。

しかもそれは「私」=他者を存在させもしない。私の持つ私の他者性は——他者であることによって初めて私は「私」でありうるのだが——アゴラのわれわれにも、また私自身にもついに現前しないだろう。リオタールがそうしようとしたこと、つまり沈黙の場所を確保し、アゴラの「外」を確保することは、私の持つ差異をわれわれの中に存在させることにはつながらないのだ。

その差異を私自身にさえ言語化せずに、ただ子供の嘆きの中に、孤立と沈黙の悲しみのなかにのみ触れられない形で凍結することが、仮にアゴラの明るさを不安にしえたとしても、リオタールが求めたように、それを中断することはないのである。

こうしてリオタールの構成はアポリアに陥る。やはり彼も——アーレントと同じように——アポリアにぶつかるのだ。それは、リオタールの方法でも結局のところ——アーレントと同じく——他者の場所を確保することができない、というアポリアなのである。

リオタールが確保しようとした他者の場所はアゴラの外にある。アゴラの中ではない。それはリオタールにとってコミュニケーションと合意の場所であるアゴラが、まさに私の差異を——つまり他者性を——同一化し、剥奪するものだと思われたからである。だからこそリオタールはアゴラを拒否して他者の場所をアゴラの外に、つまりコミュニケーションの外に、沈黙と孤立の中に確保しようとしたのだ。

だが、まさにわれわれの場所であるこのアゴラの中に他者の場所を確保するのでなければ、アゴラは他者の場所にはならない。他者は世界に——われわれの中に——存在できない。だとすると結局のところ差異を持つ私はこの世界に存在することができないのだ。それはもはや、世界から排除されるか、あるいは自ら世界の外を自分の場所とするか、というオールタナティブでしかない。いずれにせよ、相変わらず他者は沈黙の中で、他者としてわれわれの外に除外されており、われわれのアゴラ自体の安定は中断されることがないのである。

だが、そもそも、沈黙の中で他者の声を聞くということは可能なのか？ リオタールが意図したこと、沈黙と孤立の中に非存在＝他者の声を聞くということは可能なのか？ 沈黙の中で聞こえてくるもの、それは他者なのか？ 他者の声なのか？ むしろそれは私が聞き取ってしまった、私が所有してしまった「他者」のそれなのではないのか？

コミュニケーションの中での、言挙げではない形としての「現れ」＝沈黙を聞く、というリオタールの構造は、他者の声の無い沈黙の中で、私が他者を聞いてしまうこと、私の声で聞いてしまうこと、他者を所有してしまうことになるのではないだろうか？

もしそうだとすると、それは、「聞く」という一種の訪れ、私ではないものの到来を予期せず受け容れるしかないという、本来、聞くということが持っている受動的な構造を――そしてそのことによって開かれるはずの他者の空間を――私が解釈＝所有するという主体的なものに変えてしまう。

あるいはそこには――リオタールの構成には――そもそも、「聞く」ということ、ただ聞くということがあるのだろうか？

コミュニケーションと合意の拒否は、他者を聞くということ、まだ言葉の向こう側にしか存在しない何かを聞くということに向かうのだろうか？

そうではあるまい。

コミュニケーションと合意の拒否は――たとえそれが、聞き取られてしまうこと、その中に回収されてしまうこと、それでピリオドを打たれてしまうことへの唯一可能な抵抗の形であったとしても、そしてそれ以外に有効な抵抗の手だてが見つからないのだとしても、それでも――結局のところ、わかり合うこと、わかろうとすること、相手を、また自分をわかろうとすること、聞こうとすること、相手の、また自分の言葉を、まだ言葉になっていない何かを聞こうとすること、そこからの撤退なのだ。

だとしたら、いったいそれがいかなる「新しい共存の形」を生み出すというのだろうか？

端的に言って、孤立によっては、あるいは沈黙によっては、他者は「誕生」しないのだ。他者を他者として外に措いてしまうわれわれの空間は、リオタールにおいてもその構造を維持している。沈黙の他者の暗い空間とわれわれの明るいアゴラの二元論的空間の中で、たとえ沈黙の暗さがアゴラに影を落としえたとしても、それでもわれわれはやはり、外に置かれた他者の場所をわれわれのアゴラの中に取り戻し、そのことによってわれわれのアゴラ自体を転倒させていくことはできない。あるいは、その他者の空間を、他者の空間として尊重しようとするものであるかぎりにおいて、あるいは他者の沈黙を沈黙の形のままで尊重しようとするものである限りにおいて、リオタールの構造はむしろ、他者を、われわれのアゴラの外なるものに完全に切り離してしまうのである。

だが、どうすれば他者を、つまり「私」なるその差異を存在させることができるのか？言挙げの場として確保されるはずのわれわれの誕生の広場の中で、限りなく自らの持つ潜在的な他者性を——予めという形で——実は剥奪されてしまうような、そうしたアーレントの承認の構造の中で、本当は表してはいけないその差異を表すということがどうすればできるのか？あるいは、そのようなアーレントのアゴラの持つ構造の中で取り零され無音化されていってしまったその他者の沈黙の場所を、結局は同一化と強制の構造を内包するものでしかなかったアゴラの外に確保することで逆に他者の沈黙の声を表すことのできないものとして定式化してしまったリオタールの構造の中で、その声をわれわれの中に取り戻すことがどうすれば可能なのか？

その他者の沈黙は、——あるいは他者の沈黙を聞くという倫理的な要請は、結局のところ、いつもあまりにも簡単に、「多忙な」われわれのモノフォニーの行進の下に圧し潰されていってしまうだろう。

だが、こうした世界の中ではもはや沈黙の中でしか守られ得ないようなこの差異を、――リオタールの言を借りて言えば「残余」あるいは「非存在」としてしか現れない、むしろ沈黙としてしか現れ得ないようなその差異を――いったいどうすれば、われわれは実勢化させることができるのだろう。

どうすればその沈黙をわれわれは「聞く」ことができるのだろう。

どうすればその差異を、われわれはアゴラに持ち込むことができるのだろう。

つまり、どうすれば、われわれは、本当に、他者を、現前させることができるのか？ われわれの一員ではない、他者を。沈黙の中で結局はわれわれの言葉で聞き取ってしまう＝所有するという形ではなくて、実際に、その他者の、他なるものの声を。

その問いは再び――いったいどうすれば、われわれはアゴラの中に他者の存在を保証することができるのだろうか――という問いなのである。

註

1　もちろん、ポストモダンと一括するのは乱暴な話だ。「ポストモダン」というのは、いわゆる「モダン」に対して異議（ないし疑義）申し立てをする立場だ、ということしか意味しておらず、いったい彼らがどんな異議申し立てをしているのか、あるいはモダンに代わるどんな世界観を提出しているのか、という点に関しては、まったく何も触れていないのだから。だから、いうなればポストモダンとは、「批判」でしかない。代わりうる実体的な何かを作り上げることは、ある意味で「ポストモダンの仕事」を越えたものだと言わなければならない。

2　まさにこの点を、マッキンタイヤーら共同体主義者たちは批判するのである。

共通のアイデンティティを持てなければ、われわれは「われわれ」と言うことはできない。そして、「われわれ」ということができなければ、われわれは「われわれ」として存在していくことができない。われわれとは何であるかということが確定されていなければ、われわれの共同体は不安定になってしまい、われわれを支えていくことはできなくなってしまう。われわれが共在するということは全く不可能になってしまう……と共同体主義者達は言うのである。

もしこの言説が正しいとすれば、われわれに、「相喰みあう個人」としてではなく、「共在するわれわれ」という枠組みを提供する「集団的物語」がどうしても必要だということになるだろう。

しかも、共同体主義においては、その「物語」は、価値的相対主義というポストモダンの条件を十分クリアするものでもある。なぜなら、その物語は、すべての人類に敷衍される普遍的な「大きな物語」ではなく、あくまでもこのわれわれの枠組み――この共同体の枠――にのみ妥当する、ローカルな「小さな物語」なのだから。

これが、いわゆるマルチカルチュラリズムの主張の前提になっている。

だが、こうした主張が、逆に、個々のローカルな共同体内部では「物語」を不可侵なものとして絶対化してしまい、モダンの物語を繰り返すことになってしまっている、というのはある意味で必然的な帰結でもある。これについては拙論「文化という国境――多元的社会の正義をめぐって」(『倫理学』第一六号、筑波大学倫理学研究会、一九九九年)を参照されたい。

3　アーレントは、この引用文のすぐ下の箇所で、この概念(eternal recurrence)を、ニーチェの「永遠回帰」(ewige Wiederkehr)というドイツ語に置き換えている。(HC 97)

4　ここで、アーレントが言う〈life〉は、ほとんど日本語の「人生」と同義である。始まりと終わりがあり、人々に物語られることができ、しかも自らもそれを意味づけしながら物語る、そしてその物語の構造において存在する、という意味で、まさにここで言われる〈life〉は「人生」である。

5　同時に、世界もまた人間の誕生によって可能となる。「特殊に人間的な生命の出現と消滅が世界の出来事を構成する」とアーレントが言うとき、こうした「特殊に人間的な」誕生なしには、公的領域としての人間の世界は、その世界性を失ってしまうからである。

6　ここでリオタールの言う「行い action」は一般的には「活動」と訳され、小林康夫他訳『インファンス読解』(未来社、一九九五年)では「行動」と訳されている。もちろんそれは先述のようにアーレントにおける「労働」「仕事(または制作)」「行い」という人間の三つの基本的な活動力のひとつである。とりわけ、アーレントにおいて「行い」は、常に「話すことと行い」というセットで語られる政治的ニュアンスを持つ行為であり、人間が人々の前で現れるということ、自分自身を現すということを指す。これが根本的な「人間の条件」であり、ひとは「話すことと行い」によって差異を現し、世界に誕生するのである。それも先述の通りである。(HC 21参照。)

7　その意味で言えば、例えば、アガンベンが指摘するように、「収容所」(アウシュヴィッツ)は、そこに監禁された収容者から、彼が他者から「見られる」こと

「聞かれる」ことを剥奪することによって、その人の「非-存在」化を徹底するものだったといえる。(例えば、アガンベン『アウシュヴィッツの残りのもの』上村忠男他訳、月曜社、二〇〇一年、及び『ホモ・サケル』高桑和巳訳、以文社、二〇〇三年を参照のこと。)

8　ユダヤ人作家エリ・ヴィーゼルが、自身の経験したホロコーストの経験をもとに著した自伝的小説『夜』のことを指している。

9　ここにハイデガーの「死への存在」の反響を聞き取ることは簡単なことだろう。世人でさえ、自らの死の可能性に直面して、自己自身に立ち返る可能性があるのだ。誰でも、いつまでも続くはずの自己の人生が死によって断ち切られるという非蓋然的な=絶対的な可能性を直視することで、初めて自己の人生の意味を考え、本来的存在としての生を模索し始めるのである。

　そこで提起されるハイデガーの「本来的存在」に対してリオタールが対置するのが、むしろ亡命者の形態を彷彿とさせる「非存在」である、というのは面白い。

それはむしろ世界の中の意味から排除されてしまった者——追われた者——である。

　ここで使われた「非存在になる」という言い方は、もちろん、何か実体的なものになることを意味しているのではない。非存在は規定することはできない。非存在は、少なくともこのわれわれの世界の非・存在であり、このわれわれの世界の他者である。それは例えば、補集合のように、「……ではない」ものとしてしか言い表すことのできないような何かである。

　だから、非存在を所有することはできない。非存在であることはできない。なぜなら「人がもち得る、あるいは与え得る道理は、せいぜいがa=aという剰余のない等式のなかでもっとも複雑な多項式を解くことができるにすぎ」(LD 65)ず、人が解くことができるのは「……である」の形式であって、「……ではない」の形式ではないからである。われわれが存在の世界の中で所有することができるのは、それとして名指すことのできるもの、名に交換可能なものでしかない。だから、非存在の謎に対しては「いかなる返答もこの伝統のうちにはない」のだ。

「ではない」という形式において、非存在を指し示すもの、非存在の存在を指し示すものは、われわれにとってつねに残余＝インファンティア（infantia）――ついに言葉にもたらすことのできないもの――として到来する他者である。そのものとして非存在はわれわれの世界の他者なのである。

この残余＝インファンティアは、リオタールの一つの主題である。

リオタールは言う。「書くことができる者はいない。みんな、とりわけもっとも〈偉大な者〉こそそうなのだが、テクストを通じて、テクストのなかで、何か書けないものをつかまえるために書くのだ。それは、書けるような何かではないのであって、書く者はそのことを知っているのだ。」（LD 9）

「これらさまざまな文章が苦しみながら宙づりにしているそのモノはさまざまな名、しかも省略の名をもっている。カフカはそれを疑いなきものと呼ぶ。サルトルは分節不可能なもの、ジョイスは私有不可能なものと呼ぶ。フロイトにとっては、それは幼児的なもの。ヴァレリーにとっては無秩序。アーレントにとっては誕生だ。

われわれはそれを〈インファンティア（infantia）〉、つまり自らを語らぬものと命名しよう。人生の過ぎ去ってゆく一時期ではないものとしての幼児期。それが言説に取りついているのだ。言説は、たえずそれを引き離しておこうとする。言説とはその分離なのだ。だが、それは、そうされることによってむしろいっそう、執拗に自らを、まさに失われたものとして、構成しようとするのだ。言説は、自らが知らないうちに、それを住まわせてしまう。言説の残余なのだ、それは。」（LD 9）

10　リオタールはさらに言う。「空間的に考えた全体主義組織における伝達層あるいはメディア網の増大に対応するのは、瞬間と瞬間が間断なく接着していることを要求する切迫、決定、現実化（effectuation）の時間状態である。フロイトは、結局、時間それ自体も、クロノス的な時間も、〈刺激保護〉として考えられなくてはならないと言っていた。それは満杯で、凝集した時間、（過去であれ未来であれ）いかなる可能態ももたず、飽和状態にある、うんざりするほど充足的な時間であるだろう。要するに、連続において全面的な時間。したがって、非存在は、心配と不安は、そこから閉め出されている。そしてもちろん判断する能力もそうである。……さまざまな時間の均質化、凡庸化による時間の全体化は、判断行為（Urteilen）、善であるものと悪であるものの区別を追い払ってしまう。それは善悪を判別する能力を抹消してしまうがゆえに悪である。」（LD 84－85）

11　ここで言われる子供とは、先述のように「人生の過ぎ去ってゆく一時期ではないものとしての幼児期」（LD 9傍点引用者）である。リオタールが言う子供とは、いわゆる子供ではない。むしろ、非存在の負い目を顕在化する者、非存在を忘却することに対する反省を鋭くする視点を、リオタールは「子供」と呼ぶのである。

12　この「知って」いる、というのは文字通りの意味である。

例えば「お母さんごっこ」をしている「子供」は、「自分がお母さんではない」ということを「知って」いる。「お母さんのふりをしているだけだ」ということを知っている。

だが、逆に、子供を産んだ母親（大人）は「自分がお母さんのふりをしている」ということを「知らない」のだ。彼女は自分が「お母さん」だと「信じている」のである。

13　だが、そうかといって、決して虚無主義（ニヒリズム）がここから生まれてくるのではない、とリオタールは言う。「子供の負債」は、「本当のものはどうせ何ひとつない」という虚無主義に帰結するものではない。「この条項の効果はシニシズムでは決してない。シニシズムは完全にニヒリズムに依拠しており、その行動主義を介して、価値あるものは何もないというメランコリーに固執し続けている。この効果は、死体が、顔を歪めた不吉な無責任さで、生の色彩でもって自分を飾っているような遊び（ludisme）でもない。またそれは、意志と数々の価値についての〈芸術家的〉形而上学でもない。」（LD 66 傍点リオタール）

14 リオタールはここで黒人児童と白人児童の通学バスの分離撤廃の問題としているが、これは、事実は（そしてアーレントが論陣を張ったのは）、通学する学校の統合に関する問題である。これについては、Arendt, *Reflections on Little Rock*, in, *Responsibility and Judgement.* を参照のこと。

15 それも、ただ、ある一つの「われわれ」を否定し、そこから脱出して、別の「われわれ」に逃げ込むような、そういう「孤立」のあり方が求められるのではない。例えば、通常の意味の亡命や改宗、帰化などの「脱出」は何の「孤立」でもない。「われわれが離れようとするのは、ひとつの岸辺ではなくて、いくつかの岸辺であり、人びとを引っぱって、ある方向に向かわせるひとつの流れ、ひとつの欲動、ではなくて、多くの衝動、駆動力である。」（DPMF 14 傍点リオタール）

単にひとつの「われわれ」を「批判」すればよいというものではないのだ。どれが「悪い」という批判は不毛だ。それは同時に批判するこちら側が「良い」ことを内包してしまうからである。リオタールにおいては「批判」さえも、「孤立」の視点の下では「批判」されるのである。リオタールは言う。「何を根拠にあなたは、あなたによる批判をするのか。批判することが、もっと良い知を得ることだということが、批判的関係は、いかなる認識の、「意識（conscience）」の獲得の、それゆえ権力の獲得の領域中に組みこまれているのだということが、あなたにはわからないのだろうか。」（DPMF 19 傍点リオタール）

だからわれわれは「批判の外へ、漂流しなければならない。もっと遠くへ。」（ibid.）

もっと遠くへ？

どこか遠くへ、である。どこへ、ではない。確固とした立場――そこは「私は……である」という正当化された場所である――からの批判ではなくて、どこか遠くへ、「どこ」「ではない」どこかへの漂流において、漂流するということがまさに「批判」になるのだ。

ある地平から別の地平に向けて行われる批判なるものに対する、ひとつの立場から別のひとつの立場に対する終わりのない「批判」=闘争に対する、それは「批判」になりうるのだ。「漂流は、それ自体によって批判の終わりとなる (*la dérive est par elle-même la fin de la critique.*)」(ibid. 傍点リオタール)のである。

16 例えば、われわれは自らについて語る。それはわれわれが「自分自身」のことだと信じているものについての語りである。だが、自らを語るという形でのコミュニケーションの中で、人びとは所与の(体制に与えられた)アイデンティティを自分のアイデンティティとして同一化してしまう。リオタールは言う。「固有名詞は、すでに描写したような語りの言語行為論によって、みずからを権威づける。アーリア人である私は、アーリア人であるきみたちに、われらのアーリア人の祖先の物語として伝えられるものを語る。それを聞け、報告しろ、実現せよ。この組織(organisation)は、ぼくが除外作用(l'exception)と呼ぶであろうものをふくんでいる。」(PEE 74)

まさに、自己自身についての語りは、「語れ」、そして「実現せよ」という言説の命令を体現している。

17 だがリオタールの言うのはそれだけではない。リオタールの疑義は合意の可能性自体に及ぶのである。「実在は抗争を含んでいる。「ここにいるのはスターリンだ」については意見の一致が得られるとする。しかし、「スターリン」とは何を意味するのだろうか。この名前の様々な意味を記述する文だけではなく(これはいまだ対話のなかで議論されうる)、またその名前を様々な力域に位置づける文だけではなく、異質の体制および(あるいは)ジャンルのもとにある様々な文がこの名前に結びつこうとしてやってくる。共通の特有語が欠如しているために、この異質性は合意を不可能にする」(DI 90)のだ。語られたことによる合意といっても、その語り自体がさまざまな意味の差異を含んでいるのだとしたら、そもそも合意は可能なのか。それがリオタールの疑義である。

18 せいぜい、それは「他者」=「非存在」を排除し忘却してしまったという「罪」の痛みを「良心」の奥に残すだけだろう。

だが、そうした良心の奥の痛み――でしかないもの――が、結局のところ、自分たちの「共存の自治」=「生き延び」という共通の差し迫った利害の前では何の声にもならない……ということは、リオタールが批判したアーレントの公民権運動に対する反応においても、あるいはアーレント自身が批判したアウシュヴィッツの全体主義においても、われわれが常に既にくり返し経験してきたことだったはずである。

2　リオタールのアーレント批判

3　ハーバーマスの公共性

アーレントが求めたのは、差異を持つ他者たちの共存であった。どんな差異を持っていても、「私」は存在することを許されなければならない。属性（人種・民族・階層・性など）において違おうと、思想信条において異なろうと、差異を持つ「私」＝「他者」が排除されてはならない。ただ一つの同一性の下に集う「われわれ」だけではなく、「われわれ」とは異なる「私」も、どんな「私」もが――つまりすべての人が――その違いのままに、そこに存在することが許されなければならない。誰かが、その差異のゆえにそこから排除されることがあってはならないのだ。もしそういうことがあったとしたらそこはもう差異の場所ではなくなるだろう。そこはアゴラではなくなるだろう。だから、誰でも、そこでは「人と違う自分」、「われわれ」とは違う「私」として、つまり他者として、差異を表し、それでもそこに存在することが許されなければならないのだ。この「誰でも」の構成の下で、そこにはすべての他者たちの声が確保されることとなる。

アーレントが求めたのはそういう空間であり、それがその空間＝アゴラ（広場）に仮託して語られたアーレントの公共性なのであった。

だから基本的にアーレントのアゴラ＝公共性とは、他者たちによって構成された、すべての他者たちの自由の空間であるということができる。それは「誰でも」＝「すべての他者に」開かれた、他者たちの無数の差異の交通＝コミュニケーションによって構成される空間である。そして、この他者たちの異音の声の重なりのアゴラの空間に、アーレントは「自由」と「政治」の在処を見出したのである。

この意味において、アーレントのアゴラは、本質的に既存の共同体の秩序を越えていくポテンシャルを内包することになる。というのも、そこは、共同体の維持のために諸々の差異の取り込み＝同一化を推進していく場所ではなく、たえず新たな差異＝他者に、つまり変化に開かれ続けていくはずのオープンな場所だからである。オープンな場所である以上、境界線も同一性も絶えず外され続けていかざるをえない。だからそれは既存の共同体の保存という面から見れば、常に中断なのである。

だが、たとえ中断であったとしても、それが、新たな他者に地歩を与える「自由の場所」であり、そこで確保される差異による複数性こそ「人間の条件」であるかぎり、その中断＝他者への開放は、アーレントにおいては要請されなければならない公共性の条件である。

こうして「新たな他者」が到来する。そして「われわれ」は開かれる。

その開放をもたらすもの、「われわれ」の中断をもたらす契機＝「新たな他者」が、アーレントの「子供」である。「われわれの間に子供が生まれる」とアーレントは言う。「子供」とは「外部にいる者」ではない。「子供」とは、アーレントにおいて、「われわれの間に」出現するもの、「われわれ」の意図を超えて生起するもの、だが、「われわれ」を中断し、変えるとしても、まさに「われわれ」なる共同体が喜びをもって迎え入れ、それに開かれねばならない〈新たなもの〉=〈全き他者〉の到来の表象なのである。

　しかし、その空間は、「われわれ」の中への「子供」として到来する他者の「誕生」が、先行する「われわれ」に承認されてはじめて可能になる、という誕生の時間的構成によって、現実には限りなく限定されたものになってしまう。そして、その構成の中で、どんな他者にでも開かれた——語義通り offen であり frei である[1]——はずの公共性（Öffentlichkeit）の=自由の空間は、あらかじめ「われわれ」に承認されうる差異にのみ開かれた空間に変質してしまうのである。

　まさにこの点にリオタールの批判は向かうのだ。

アーレントにおいて、「広場」は結局「われわれの」広場だったのだ。われわれの広場に入りたい他者は、われわれの一員になることと引き替えに、われわれの広場に参加することを許されるのだ。確かにそこでは他者は——少なくともあらかじめという形では——排除されてはいない。だが、それは、常に、彼がわれわれの一員に——「大人」に——なるということ、つまり他者であること=差異を持つ「私」であることを捨てることと引き替えなのである。

　こうしてアーレントの構成においては、結局のところ「他者」が「他者」である可能性は失われてしまうことになる。そして、本来「他者」のために開かれてあるはずの広場=公共性は、「われわれわれ」の生き延びに奉仕するもの＝「家」に収束してしまい、「われわれ」は、「われわれ」の「生き延び」という「われわれ」共通の利害の下で、既存の「われわれ」の共同体を中断するかもしれない「全き他者」を、いずれわれわれの一員になるべき「遅れてきた子供」に回収してしまうのだ。

これがアーレントに対するリオタールの批判であった。

それに対してリオタールは、アーレントの中では失われてしまった「他者」を、現前する存在としての「他者」だけではなく、「われわれ」の中の「他者」、既に「われわれ」に回収され、大人になってしまった「私」が忘却しようとしている「私」の中の「他者」として読み替えることで救出しようとする。

その「他者」とは、まず何よりも「非存在」として「私」が忘れようとしている「私の中の子供」の目、あえて言えば良心の声のようなものである。その声は、具体的な言葉というより、むしろ「違和」として私の中に残る、言葉にできない「残余」である。アーレントの中では「アゴラに集うわれわれ」の和声の中にかき消されてしまったこうした無数の差異＝異音を、「私」の中の違和としてリオタールは析出するのである。

「われわれの広場」での言挙げの中で、「私」は必然的に「われわれ」の言葉で語るだろう。それはそうしなければ誰にも聞いてもらえないからであり、誰にも理解されないからである。だから

「私」は「われわれ」の言葉で語らなければならない。「われわれ」の言葉で語るということが、唯一「私」に「われわれ」の中での存在を可能にするのである。だが、「われわれ」の言葉で語らなければならないということは、語れないもの、語ってはいけないものを澱のように沈殿させる。

　われわれの言葉では語れないものがそこにはあったのだ。語ってはいけないものがあらかじめ排除されていたのだ。われわれの言葉で語られわれわれの広場に現象されうる「私」は、語られない「私」、語ってはいけない「私」、おそらく「われわれ」には承認されない「私」を、語るときに殺していたのである。その澱を葬ることで「私」は広場に誕生したのである。そしてそれを私は忘れたのだ。

　私は澱をなくした。だが、私は、ただ単にそれを「人々＝われわれ」に対して隠蔽したのではない。私は、私自身が誕生するために、そこで生き延びるために、私自身に対してそれをそもそも無かったことにしたのである。

　結局のところ、広場の中での言挙げ＝コミュニケーションを通して「私」が人々に十全の承認を受けるというアーレントのプロジェクトは、「私」自身に「私」自身を広場で「われわれ」の言葉で表象させることによって、結果的に「私」自身に「私」の持つ差異＝他者性を自律的に排除させるように機能するシステムになってしまったのだ。つまり、差異ある私の誕生を保証するはずのコミュニケーションの構造が、逆に私を取り込んでしまったのである。

だが澱は残っている。それは言葉にならないままに沈黙として現象する違和である。それは、「われわれ」に対する違和であると同時に「誕生してしまった私」自身に対する違和でもある。「私は本当にこの私なのか」―「私は、本当に、〈われわれ〉という安定の中に存在する、われわれの一員としてのこの私だ、と言うことができるのか」という、まさに「私」自身に対する違和として現れるこの違和は、答えと言葉を失って黙り込む中で、むしろ個々の「私」の中に潜んでいる「非存在性」＝「他者性」を反照する。そしてまさに、この「私」の中の「他者」性が、現前する具体的な他者の持つ「他者」性に共響するのである。

それは、私が「われわれ」として、「われわれ」の生き延びのために、あるいは「われわれ」としての「私」の生き延びのために忘却し排除しようとしているものの沈黙の声を絶えずわれわれに呼び覚ます。そして「他者」のための空間をこの個々の孤独な「私」の中に開いておくことを要求するのだ。

こうして、アーレントのコミュニケーションの和声の中で必然的に喪われてしまう異音＝他者性は、リオタールにおいては、コミュニケーションの外側にある、この沈黙と孤独の中で確保される＝聞かれることになる。

だが、「残余」あるいは「非存在」としてしか現れない、むしろ沈黙としてしか現れ得ないようなこの違和を、いったい「われわれ」は――たとえ孤独においてでさえ――本当に「聞く」ことができるのか。

それは「良心」の声としてはあまりに不安定であり、あまりに微かである。[2]

しかも「他者」の声を聞き、アゴラを他者たちの空間として確保すること、それはおそらく、「われわれ」の、あるいは「私」の「生き延び」と引き替えにした、むしろそれを中断するかもしれない作業なのだ。

それでも、われわれは、はたして「他者」を聞くことができるのだろうか？

ハーバーマスも、アーレントを批判する。

だが彼は、まさにリオタールが退けた「コミュニケーション」によって、再び、他者たちの空間である――ポリフォニックな――公共性を構築しようとするのである。

3―1　ハーバーマスとアーレント

まず確認しておかなければならないのは、ハーバーマスとアーレントの近さである。その近さとは――まさにリオタールが拒否する――コミュニケーションへの信頼にある。

上述のように、アーレントの公共性＝アゴラとは、すべての他者たちが差異を表明し合い承認し合うというコミュニケーション的構成をその本質とする。

そこで前提されているのは、人々が自分の差異を表し合うコミュニケーションによってアゴラとしての共同性が構築されなければならない、……というよりむしろ、人々の自由な言挙げ＝コミュニケーションを可能にする共同体のあり方だけが正当化されうる、それが公共性の条件である、という考え方である。

逆に言えば、コミュニケーションを阻害する共同体は、アーレントにおいては正当ではない。コミュニケーションを阻害する場所、個々人の差異を抹消し複数性を解消する場所である「家」に自由は存在しないのだ。それは彼女にとって、どこまでも個人を抑圧し、自由を抑圧する全体主義の空間でしかない。そこには個人の差異は許されない。その表明も許されない。したがって複数性もない。だからここには共同性も存在しない。なぜなら共同性は――当然のことながら――共同する複数のものの存在を前提とするからであり、複数のものが存在するためには差異を持つ各人の自由な現れがなければならないからである。そして、まさにその表出――無数の多様な差異ある自己の表出――こそが、アゴラにおける人々の自由な現れの交点としてのコミュニケーション＝「政治」だったのである。

アーレントにとって正当な「政治」の場は、人々が現われる場所、その差異の場なのだ。そこは差異ある声の交点である。その声の交点＝コミュニケーションの中ですべてが決定されるのだ。その場所を除いて他に政治の場所はない。「上」からではなく、まさにその人々の差異の場所＝アゴラの地平において、差異ある人々が誰でも、差異ある個々人として自由に自分を表出し、それでもわかり合おう、合意に達しようとする過程、それがアゴラの政治の過程なのだし、その過程の中で人々が互いに納得し合うことができたとしたら、はじめて、それが、その人々を拘束する「法」として正当性を獲得することになる。[3] つまり、人々が自由にコミュニケーション的に構築していった規範＝法、その法のみが、アーレントにおいては人々を動かす正当な集合的拘束力を持つのだ。共同体や集団の規範が人々に先行するのではなく、あくまで具体的な人々のアゴラのコミュニケーションの中で法が作られるのである。

アメリカ・リトルロックで、黒人児童と白人児童を分離せず同じ学校に通わせようという政府の（「上」からの）決定に対して、地域住民が自発的に拒否の声を挙げたことをアーレントが支持するとき、その支持はひとえに、そこでなされた決定が、人々の具体的なコミュニケーションを通した決定だったかどうか、その点にかかっていたと言ってよいだろう。

このことについてアーレントは次のように述べている。「黒人の権利を推進する活動の一環として、他の分野ではなく公共教育の分野における白人と黒人の分離を強制的に撤廃し、統合するという決定がとくに困った問題をもたらすのは、この決定が意図しないうちに、これまで検討してきたさまざまな権利と原則のすべてが問題となる領域にかかわるからである」(RJ 210)。アーレントの眼目は次の点にある。むしろ「社会的な差別が法律によって廃止された瞬間に、社会の自由は奪われたのである。連邦政府が公民権を無思慮に扱うならば、政府は社会の自由を奪う危険性があるのである」(RJ 209 傍点引用者)。さらにアーレントは次のようにも言う。「たぶんこれもフォークナー(Faulkner)の発言だったと思うが、強制された分離撤廃は、強制された分離と同じように望ましくないという意見を読んだことがあるが、わたしはこの意見はまったく正しいと思う」(RJ 202)。

つまり、黒人児童と白人児童を同一の学校に通わせること自体が善か悪かをアーレントは問題にしているのではないのだ。その決定が当事者たちの実際のコミュニケーションを飛び越えて「上」から(「法律によって」)押しつけられたものであったという点に、政府の決定の不当性があり、同時に、その不服申し立てが地域住民の自発的なコミュニケーションによって生起したものであるという点に、アーレントは住民側の決定の正当性を見るのである。

そこで問題になっているのは、その内容がいかなるものであれ、当事者たちのコミュニケーションを通じて獲得された決定は正当化されうる、という正当化基準である。たとえ「社会的な差別」であれ、それが「法律によって廃止された」ことは不当である。いくら「法律」の裁定であったとしても、人々の頭越しに押し付けられたものである以上、「社会の自由は奪われた」とアーレントは言うのだ。彼女にとって、それは単なる「強制」でしかない。

アーレントの意志は明らかである。つまり、何らかの決定は、決定の内実によってではなく、その決定プロセスが当事者たち全員のコミュニケーションによって構築されたものであるかどうか、という形式的条件に従ってのみ正当化されるのだ。決定自体が「正しい」かどうかは、決定の内容ではなく決定成立のプロセスに依るのである。

そのプロセスを通して「当事者たち自身で合意した」決定は「正当」である。少なくとも合意した当事者たちにとってそれは正当である。彼らはそれを「正当」だと思っている。だからそれは当事者たちを動かす自然な力(power)を持つ。自分で選んで自分たちで納得しあった規範なら、人は自ずから従うのだ。というよりむしろ——従うというよりむしろ——「私」がそう「する」といった方が良いかもしれない。それはまさに「私」の「主体的」な選択であり「主体的」な行為なのである。

それは「私」の選択である。だから、もはやそれ以外には「私」は行為できない。それがもうすでに、内的=自発的な、「私」自身の了解だからである。それに抗うことは非合理でさえあるだろう。それは自分自身の確信に抗うことになるのだから。だから合意した人はそれに従わないわけにはいかない。他からの強制ではなく、自分自身の確信であるからこそ、誰もが必然的にそれに従わざるを得ないのである。
そこには一種の強制的な、だが本人にとっては自然な力（power）が働いている。
ハーバーマスはそれを「あの独特の強制なき強制（zwangloser Zwang）」（PPP 231 傍点引用者）と形容する。[4] それはまた彼が指摘するとおり「コミュニケーションによって生み出され、共同の確信がおびている権力」（PPP 231 傍点引用者）でもある。そして、それだけが、アーレントにしてみれば、「正当」な、人を動かす力＝「権力」（power）なのである。[5]
これに対して、「頭越しに」――自分たちのコミュニケーションなしに――動かされるとしたら、それは、人々にとって、自分の意志に反した、押しつけられた無理強いでしかない。もちろんそこには自由はない。アーレントは人を本人の意志越しに無理に動かすこうした強制力を「権力」（power）とは呼ばない。ハーバーマスは言う。「ハンナ・アーレントはこのようなもののためには、暴力（*Gewalt*）という概念を用意する」（PPP 229 傍点ハーバーマス）。たとえその目的自体がどんなに「良い」ものであったとしても、当事者たちが自分たちのコミュニケーションを通して納得して選択したというプロセスを踏んでいない限り、それは「正当な権力」ではなく、アーレントにとっては単なる「暴力」でしかないのだ。[6]
基準は明快である。つまり「正当な権力」と「暴力」とを分ける基準もまた、当事者たちがコミュニケーション的に合意したかどうか、という一点に集約されるのである。

結局のところ、アーレントにとって「正当」な権力とは、この「強制なき強制」として働くコミュニケーション的権力以外にはない。

だからこそアーレントにおいては、まず何よりも個々人ひとりひとりの声が挙げられねばならなかった。その声が聞かれなければならなかった。

その声と声の間――コミュニケーションのなか――にのみ自然な権力が生まれる。むしろ、その声と声の間にしか正当な権力は存在しない。同時に、その権力のなかにこそ、個人の自由な存在が確保されうるのである。

言挙げすること、そしてそのことによって「私」の姿を現すこと、自分たちの納得したことにのみ従うということ。

アーレントにとって自由というものが可能だとすれば、それは、このような形でしかありえないものである。それは、権力と対立するものではなく、まさに権力のなかに、権力を通して、むしろ権力として自己を開示するものとして、存在するのである。

このようなアーレントのベクトルを、ハーバーマスは次のように定式化している。つまり、アーレントの試行とは、「傷つけられない共同主観性の普遍的な諸構造を、コミュニケーション的な行為あるいは実践の形式的な諸特徴において読み取ろうとする」(PPP 233 傍点引用者)ものだったのだ、と。

だが、自由な主体間のコミュニケーションの中にのみ「傷つけられない」正当な共同性を見ようとする、このアーレントの前提——「当事者全員で合意した決定のみが正当化されうる」という前提——は、実は、そのままさにハーバーマスのコミュニケーション論の前提なのである。

3―2　ハーバーマスのコミュニケーション論

ハーバーマスのコミュニケーション論とは、一言で言えば、まさに当事者全員のコミュニケーションを通して獲得された合意のみに規範を正当化する権能を付与するものである。

コミュニケーション論においては、「合意」があらゆる規範の正当化根拠となる。つまり、コミュニケーションプロセスを通して当事者の合意が達成されたかどうかということだけが、その規範を正当化する基準なのである。したがって、コミュニケーション論とは、コミュニケーションを通して達成される当事者間の合意以外には規範の正当化根拠をおかない、という合意論（Konsenstheorie）であり、同時に、具体的には、そのコミュニケーションの形としては「言語」を通した「言語的コミュニケーション」=「討議（Diskurs）」という手法を採用する討議理論（Diskurstheorie）である。

討議（言語的コミュニケーション）を通して当事者全員で合意にいたるプロセスだけを規範の正当化プロセスとして採用するこの立場を、ハーバーマスは「討議倫理（Diskursethik）」として展開する。「討議」という言葉もディスカッションという言葉も共に日本語としては「会議」の場を連想させる堅い言葉であるが、むしろ討議理論では、それは、どんなことでもよい、何かについて、ただ当事者全員で話し合う、ということを意味する。簡単に言えば、討議理論とは、何でも全員で話し合って解決する、それ以外の決定様式を拒否する、[7]という主張なのである。その場では、上述のように「すべての当事者が実践的な討議への参加者として、合意できる道徳的規則だけが妥当性を要求できる」（ED 154－155 傍点引用者）のであり、規則の妥当性が「当事者の合意」という形式的基準にのみ依拠するものであることが主張される。

たとえば、この討議倫理の「原則」――これは「原則D[8]」（Grundsatz ›D‹）と呼ばれている――とは、次のようなものである。

「実践的討議への参加者としてのすべての当事者の同意（Zustimmung）をとりつけることができるような規範のみが、妥当性を要求できる」（ED 12）。

さらに、この基本原則は、次のように――これは「普遍化原則U」（Universalisierungsgrundsatz ›U‹）と呼ばれる――転化される。

「規範が妥当ならば、各人の利害関心のために、その規範を一般的に遵守することから生まれてくると思われる成果や副次的結果は、すべての人に強制なく受け容れられなければならない」（ED 12 傍点引用者）。

ここで主張される討議理論の基本的構成は次のようなものである。

まず、当事者たちすべてが、実践的討議＝コミュニケーションに参加する。それが前提である。

その上で、それらすべての当事者が全員で同意した規範だけが「妥当」となる。基本的構成はこれに尽きる。つまり、当事者が全員、話に加わって自分の言いたいことを言い、全員で話し合って、その上で全員が合意できれば、その規則だけが、「妥当だ」ということになるわけである。

ここで留意すべきなのは、普遍化原則「U」の前提「規範が妥当ならば」は、「すべての人がそれに合意すれば」ということと完全に同値だということである。何か他の（例えば超越的な、少なくともより上位の）妥当性基準を参照項としてわれわれが持ち、それによって、合意された規範の妥当性を改めて検証する、というふうな、「合意」-「検証」の二段構成がそこで暗示されているわけではないのだ。

確かに、「規範が妥当であれば、われわれはその結果に従うべきだ」という言い方は、一見、次のような含みを――「たとえ当事者たちが合意したとしても、それが妥当であるかどうかは別の問題である。当事者たちが何らかの規範に合意したとしたら、その規範は今度は何らかのより上位の審級によってその妥当性が諮られ、真に妥当な場合にのみ（つまり「規範が妥当であれば」）、当事者全員を拘束する正当性を得る。逆に当事者たちが全員合意したとしても、上位の審級（それが何であるかはまた別の問題である）によって、その規範自体が妥当ではないと判断されたときには、その規範は拘束力を持たないし、合意した本人たちはそれに従わなくても良い」――という含みを持っているように見えるかもしれない[9]。

だがそれは誤解である。あくまでも合意論においては「実践的討議への参加者としてのすべての当事者の同意をとりつけることができるような規範のみ」が、「妥当性を要求できる」のである。それ以外に、規範を正当化する他の「正当な」手段は一切存在しない。また、規範の内容を検証する特定の――別の、あるいはより上位の――審級が存在するわけではない。規範の妥当性は、ただ当事者たちの合意のみに依拠するのだ。したがって「規範が妥当ならば」が示す意味内容は、まさに「すべての当事者たちがそれに合意すれば」ということ以外のなにものでもなく、そこに「全員の合意」以外のどんな基準も持ち込む余地はない。「合意」-「検証」の二段構成ではなく、どこまでも合意一元論がそこには主張されているのである。どんな内容でも、全員の合意が成立しさえすれば、それは「妥当」なのだ。

だとすれば原則「U」は次のように書き換えることができる。

「すべての当事者が合意すれば、各人の利害関心のために、その規範を一般的に遵守することから生まれてくると思われる成果や副次的結果は、すべての人に強制なく受け容れられなければならない」。

全員がコミュニケーションを通して、ある規範に合意できたとしよう。つまり、その規範は、その人たちにとって「妥当」である。それはつまり、全員が「私はそれが正しいと思う」と思った、ということである。そして「規範が妥当ならば」（＝コミュニケーション的に全員の合意を得たら）、当事者全員が強制なしにその規範に従うはずである。また、その規範から生じる実際の結果をも受け容れるはずである。

この主張は、ある意味で当然である。その規範には既に全員が合意しているのだから、全員の中のどの個人もが、自らの合意という基点に立って、自らの選択（「それが正しいと私は思う」）として、他の一切の外的強制なくその規範に従うはずであり、仮にそれによっていかなる結果が生じたとしても、自らの選択の結果としてそれを主体的に受け容れるはずである。

命題「U」が意味するのはこのことである。

だとすれば、この命題は、その表面上の規範的表現にもかかわらず、実は規範命題ではなく事実命題なのだということになる。つまり、命題「U」：「規範が妥当ならば、各人の利害関心のために、その規範を一般的に遵守することから生まれてくると思われる成果や副次的結果は、すべての人に強制なく受け容れられなければならない」の「ねばならない」は、「すべての人」に対して課せられた規範ではないのだ。それは「一度合意したらその結果に従わなければならない」という「当事者」に対する義務的拘束を意味するのではない[10]。そうではなく、それは、「すべての当事者が合意すれば、各人の利害関心のために、その規範を一般的に遵守することから生まれてくると思われる成果や副次的結果は、すべての人に強制なく受け容れられなければならない」のだから、「その成果や副次的結果がすべての人に強制なく受け容れられ」ないとすれば、それは「すべての当事者」が未だ合意していないということ、つまりその規範が未だ妥当性を獲得していない、という事実判断を単に述べているにすぎない。つまり、全員が合意していれば規範の結果が強制なく受け容れられなければならないのだから、そうでないとすれば、その事実は(帰結を強制なく受け容れないという事実は)、合意されたはずのその規範が、実はまだ真に合意されてはいなかったのだということ、つまり、その規範が妥当ではなかったのだ、という事実上の妥当性の身分解除しか意味しないのである[11]。

その場合には、それまで合意が成立し、妥当性が承認されていた規範は、ただ単に妥当性を失う。実は「全員の合意」が成立していなかったということが明らかになったからである。合意論においては、当事者全員がコミュニケーションにおいて全員で合意できるまでは、いかなる規範もその妥当性を留保されるのだから、この場合はまさに、未だ妥当性が留保されている状態である、ということになる。

同じことは「すべての人に強制なく受け容れられなければならない」の「強制なく」という言辞にも当てはまる[12]。この「ねばならない」が規範的な意味を持つものではないとしたら、ここで使われている「強制なく」という言辞もやはり規範的なものではない。この「強制なしに」、つまり「強制が入り込んではならない」は、倫理的禁止ではなく目的合理的な禁止なのである[13]。なぜなら、強制は、自由なコミュニケーションを妨害することで実際に合意の成立を妨げるからである。

コミュニケーション過程に強制が入り込んできたとたんに、われわれは、そのコミュニケーションがわれわれを何か先立って存在する予定された決定へと強いるものだ、と感じるだろう。われわれは、われわれを強いるものの存在を意識し、われわれを操作しようとする権力を意識し、その権力と自分との関係の中では、もはや自分が主体として選択することなど可能ではないと感じるだろう。そうなったとたん、そこは自分たちが納得するために自由に話し合う場所ではなくなってしまう。そうした強制された「コミュニケーション」を通して導かれるべき、強いられた合意に納得できるはずもない。当事者たちはとうていそれを妥当だと感じることができなくなる。強制されていると感じたとたんに、当事者はもはや、「まさに私はそう思う」という主体的な確信に至ることができなくなってしまうのである。

あるいは、そこでは自分の意思を表現することさえ、もう無意味なものになるだろう。たとえ意思を表現したところで、結局のところそれは「聞いてもらえない」のだ。だが、話せば聞いてくれるはずだと思えないのに、いったい誰が真剣に本心を語るだろうか。そこではもう、自分と他者との共同の地平を構築していく、というコミュニケーションの理念は、余りにも非現実的なユートピアとしか感じられなくなってしまうだろう。そんなことをしても仕方がない、という状況の中では、誰も自分の意思を表現しようとしたり、他者の意思を聞こうとしたり、あるいはコミュニケーションの中で他者と出会って理解し合い、自分たちの共同の合意を作り上げていこうなどというコミュニケーションの努力を続けるはずがないのだ。
そこでは人々は黙り込んでしまうだろう。[14] こうして、強制の中で、人々はコミュニケーションに対する信頼を失ってしまう。そこでは端的にコミュニケーション自体が不能になってしまうのである。[15]
これに対して、ハーバーマスが、コミュニケーションの場で目指される合意はあくまでも平等な個々人の間に希求される自由で主体的な合意でなければならない、そこに強制が入りこんではならない、と言うとき、それは、そのようにして達成された合意であってはじめて、そこから生じる結果について、各人が、与えられた規範としてではなく自ら選択した価値として主体的に引き受けることができるからでもある。あるいは、そこでは自分の声が聞いてもらえるし、お互いに差異ある声を尊重し合うことができる、またあるいは、自分の意思と他者の意思を対等なものとしてそこではじめて出会わせ、当初は距離があったとしても次第に了解し合いながら、自分も他者もそれまでの自分だけの地平を相対化して、自分と他者との共同の新たな合意の地平を構築していくことができる……と、そう思うことができてはじめて人は真剣にコミュニケーションしようとすることができるし、その中で他者の声を聞き、議論を重ねていくという労苦の多い作業を続けていくことができるからでもある。
つまり、全員の参加する「強制のない」コミュニケーションプロセスという理想が、たとえ理想としてであれ前提されてはじめて、実際のコミュニケーション実践をわれわれは動かしていくことができるのだし、そのコミュニケーション過程が共同で辿られてはじめて、「私がそれを正しいと思う」「私はそれを選択する」という主体的な確信に到達する可能性が――つまり自律の可能性が――開かれるのである。しかもそれは、自分だけの孤独で独善的な自律ではなく、すべての他者たちと共同での自律――コミュニケーションを通して共同で構築されるコミュニケーション的自律――なのだ[16]。

もちろん、ここで前提されるような、強制のまったく入り込まないコミュニケーション、すべての人が達することのできる合意、というのは、実際には実現困難である。それは言うまでもないことだ。その意味において、ハーバーマスの言うような理想的コミュニケーションは、反事実的なものでしかない。

だが、この反事実的な理想は、ただ反事実的なものなのではなく、事実に抗して――それでも、という形において――保持される、抗事実的なものでもある。現に、こうした「理想化」――「抗事実的な理想化」――は、実は、まさに現実のどんなコミュニケーションの中でも、実際に働いているのだ。ハーバーマスはそう考える。言い換えれば、コミュニケーションするすべての人は常に、既にこの「抗事実的な理想的コミュニケーションの想定」の下でコミュニケーションしているのである。

「わかりあえるはずだ」というのがそれである。

「わかりあえるはずだ」というのは、「今はまだわかりあえていない」という事実を認めている。だが、少なくとも、今自分たちが直面しているこの問題に関しては、ちゃんとコミュニケーションしていけば「わかりあえるはず」である。本当は、われわれはわかりあえるはずである。本当は、ちゃんと——つまり無理矢理にでもなく頭ごなしにでもなくお互いに心から納得できるような形で——われわれはわかりあえるはずである。われわれはそう——抗事実的に——思っている。それは現実には難しいということもわかっている。だが、本当は、という留保を密かに、だが常に忍び込ませながら、われわれはわかりあえるはずだ、とわれわれは抗事実的に思っているのである。だからこそ誰もがコミュニケーションするのだ。「わかりあえるはずだ」と思っていなければ、いったい誰がコミュニケーションしようなどと思うだろう?

同時に、「わかりあえるはずだ」からこそ、われわれは「わかりあえる」ようなコミュニケーションのかたちを探すのである。どうすればちゃんとコミュニケーションできるか、ちゃんとわかってもらえるか、どうすればみんなが納得することができるか。そのうまくいく条件をわれわれは現実のコミュニケーションの中でいつも探そうとする。もちろんそれは、うまくコミュニケーションできたら必ずわれわれは「わかりあえるはず」だからである。うまく「わかりあえ」ないとしたら、それはそこで採用されているコミュニケーションがどこか機能不全になっているからに違いない。そう、われわれは共通に信じているのだ。

「わかりあう」ことができない悲しみや怒りはすべて、本当は「わかりあえるはずだ」という、この抗事実的想定に由来する。そして「その場合でも、つまりコミュニケーションが仮定された条件を満たしていない場合でも、われわれが抗事実的な前提の下にコミュニケーション的行為を行っていることに変わりはない」(ED 161 傍点ハーバーマス)のである。[17]

こうしてわれわれはコミュニケーションしている。あるいは、こうしてわれわれはコミュニケーションしていかなければならない。そうでなければ、われわれは自律を確保することができない。コミュニケーションの中で、自分が本当に納得できる自分の主体的な行為選択を――つまり自律を――他者と共に探していかないかぎり、われわれには、外的な、超越的価値であれ所属する共同体の伝統であれ、すでにポストモダンの多元主義の中ではもう絶対的な正当性を失ってしまっているそれらの諸価値[18]に、あるいは現に社会の中に存在している支配的な諸勢力に、従うという選択肢しか――つまり他律しか――残されないのだ。[19]

こうしてわれわれはひたすらコミュニケーションを続けていくことになる。それは、もうわれわれにはそれしかない、からである。われわれにできることは、互いの間でこの強制なき合意が成立するように、コミュニケーションを続けていくことだけなのだ。その都度、われわれは、ただ、強制なきコミュニケーションを続けていかなければならないのだ。そしてそのコミュニケーションの中でみんなが納得できる地点へ共同で進んでいかなければならないのだ。もはやわれわれを強制しうる規範とは、こうした弱い意味での「ねばならない」だけである。それは、もはやそれ以外には、正当性を持つ共同の決定に至ることがわれわれにはできない[20]、というわれわれのポストモダンの条件なのである。

これがハーバーマスのコミュニケーション論のアウトラインである。

その限りにおいてハーバーマスのコミュニケーション論とはまさに規範内容の実体的論議を保留した極めて形式的なものであると言うことができるだろう。同時に、それは、「すべての当事者」の合意という限りなく拡大しうるコミュニケーション母体を前提する、強い普遍主義的要請を内包するものである[21]。

もはやアーレントとの「近さ」は明白である。こうした点——(一)コミュニケーションを通して獲得された合意だけに規範を正当化する権能を付与する、という点においても、(二)それが当事者全員によるコミュニケーションでなければならない——アーレントの言い方で言えば排除される他者があってはならない——、という点においても、また、(三)規範の正当性は形式的基準のみに基づいて確定される、という点においても、さらに言えば(四)そこで行われるコミュニケーションが暴力や操作を排除(「強制なき強制」)した平等な当事者同士のものでなければならない、という点においてもハーバーマスはアーレントと塁を共有するのである。

それでは、ハーバーマスとアーレントは何が違うのか。

まずハーバーマスのアーレント批判を見てみよう。そしてそのことを通してハーバーマスの考える公共性を明らかにしていこう。

3―3　ハーバーマスのアーレント批判

ハーバーマスは、まず、アーレントが「政治的なもの」をもっぱら「コミュニケーションによって生み出された権力」としての実践に、「つまり諸個人の相互会話と共同行為に」のみ限定していると指摘する。

だが、これは奇妙なことではないだろうか？　つまり、ハーバーマスは、アーレントが、政治を、「アゴラ」での人々のコミュニケーションにのみ限定している、と批判するのである。そして、このようにコミュニケーション的な行為を唯一の政治的カテゴリーとして採用することで、アーレントは三つの代価を支払うのだ、と彼は指摘する。

それは、「(一) 全ての戦略的要素を「暴力」として政治から消し去る」こと、「(二) 政治が行政組織を介して深く組み込まれている経済的・社会的な環境への関連から、政治を引き離す」こと、そして「(三) 構造的暴力の諸現象を捉えることができない」こと、という三点である (PPP 240－241)。

だが、コミュニケーションをすべての出発点とするコミュニケーション論を自ら展開してきたハーバーマスが、政治を人々のコミュニケーションにのみ限定しているとしてアーレントを批判するのは、いったいどういうことなのだろうか。

第一の点に関してハーバーマスは次のように言う。

「政治的なるものの概念は、政治的権力をめぐる戦略的競争および政治組織における権力の行使にまで、拡げられねばならない。政治はハンナ・アーレントにおけるように、共同で行為するために互いに語り合う人々の実践と同一ではあり得ない」(PPP 245–246) のだ、と。

ハーバーマスの主張はこうである。近代社会においては、戦略的な行為の諸要素は、経済的領域においても政治的領域においても、もはや無視し得ないほどその重要性を増している。例えば、経済領域においては、資本主義的生産様式が展開されるとともに、当然のことながら多様な戦略的な行為それ自体が——投機も流通も、金利や通貨の切り上げないし切り下げにしてもあるいは物の単純な売買にしても——経済交流の正常な状態としてすでに認可されている。その意味では、資本主義市場とは、必ずしも人と人とが平等に腹蔵なく向き合い、話し合う、というコミュニケーション的行為の場ではなく、むしろ自らの目的の達成のために互いに戦略を巡らせ合う戦略的行為＝目的合理的行為の場である。

この構造はそのまま市場を管理する政治的領域にも反映される。

ハーバーマスは言う。「近代的私法は、すべての商品所有者に、形式的に同等の戦略的行動領域を認める。このような経済社会を補完している近代国家においては、政治的権力に関する闘争は、さらに戦略的行動を制度化することによって(野党の容認によって、諸政党や諸団体の競争によって、労働闘争の合法化によって等々)常態化される」(PPP 242)。実際、「政治的権力に関するこの闘争は、近代国家においてはまさに制度化さえされるにいたった。このことによってこの闘争は、政治体制の正常な構成部分となるにいたった」（PPP 243）のである。要するに、政治の問題を扱う際に、もはや「わたしたちは、戦略的行為の要素を、政治的なるものの概念から締め出すことはできない」（PPP 242）のだ。

これがハーバーマスの第一の批判点である。

この批判はおそらく正しい。もしすべての戦略的行為をアゴラから締め出さなければならないとすれば、たとえば、われわれは、現行の民主主義社会のなかで被雇用者としての労働者が自分たちの主張を経営に反映させる正当な手法として合法化されているストライキやサボタージュといった労働闘争を、政治の問題から排除しなければならなくなってしまうだろう。だが、そうすることによって、たとえば、われわれは今度は、被雇用者と雇用者という既にある権力関係の中で、いかに、より正当な利害の調整をしていくのか、という問題を取り上げることができなくなってしまう。

あるいは、メディアを使った政党の広報活動において、妥当なものとして容認されるべき活動の範囲や、その広報活動の資金は誰が負担すべきなのかという問題をわれわれ自身の論議から外さなければならないとしたら、たとえば選挙の公正性を確保することがわれわれには困難になってしまうだろう。

つまり、戦略的行為を政治の領域から排除すること、つまり議論から排除するということは、必ずしもアーレントが考えたように政治の空間に自由を確保するということにはならないのである。

むしろ、どの戦略的行動が承認されるべきであり、あるいはどの戦略的行動が不正としてわれわれの社会から排除されるべきなのか――その線引きの問題こそ、まさに正義の問題としてわれわれの政治の取り扱うべき問題だと言わなければならない。

ハーバーマスの第二の批判――アーレントは、政治が行政組織を介して深く組み込まれている経済的・社会的な環境への関連から、政治を引き離している――も、第一の批判の延長線上にある。

それは、アーレントが一貫して、政治の領域＝公的領域（「アゴラ」）から、「生活」の問題＝私的領域（「家」）を排除してきたという点に由来する。

「ハンナ・アーレントは、正当にも、次の点、すなわち、貧困の技術的・経済的克服は決してただちに公共的自由の実践的・政治的保証を意味するものではない、ということに固執する。しかし「社会的ならびに経済的な諸要件が政治的な領域へと侵入し」、「統治が次のような管理機構、つまり人格的支配が官僚的・無記名な措置にとってかわり、法律が行政命令にとってかわる管理機構へと転換し」、それらのことが、政治的・能動的な公共性と根底的な民主主義へのあらゆる萌芽を無にしてしまわざるを得ない、と彼女が主張するならば、彼女は、現代的な諸関係には適用できない政治概念の犠牲になっているのである。……わたしは、ハンナ・アーレントを導いている独特なパースペクティブに、注意を喚起したい。すなわちそれは、諸社会問題を行政的に処理することから免れた国家、社会政策の諸問題から純化された政治、福祉の組織化から独立した公共的自由の制度化、社会的抑圧の前では立ちどまる根底的な民主主義的意志形成、といったパースペクティブである。が、それは、どのような現代社会にとっても考えられうる道ではないのである」（PPP 239－240 傍点引用者）。

ハーバーマスはこう批判する。

確かにアーレントが言うように、政治が貧困の問題を解決したからといって、それが本来の政治の目的――人々の自由を実現すること――に直結するわけではない。その点はハーバーマスも同意する。だが、アーレントの言う「政治」とは結局のところ、われわれを取り巻く現実の無数の社会問題にタッチしない政治、社会問題に「手を汚さない」政治でしかないのではないか。そのような政治というものが本当に可能なのだろうか。あるいは意味のあるものなのだろうか。そうハーバーマスは問うのだ。

たとえば、構造的な貧困の問題を政治から排除することが、はたしてわれわれにとって可能だろうか。失業や教育、また老人介護や医療の問題を、「家」の問題として政治的アゴラから追放し、看過することが可能だろうか。ホームレスや生命倫理の問題を政治的論議から外すということがわれわれにできるだろうか。あるいは、たとえば文化と結びついた性差別の問題を政治的に無視するということが、政治を自由にするものだと、あるいはわれわれ自身を自由にするものだと、われわれは本気で考えることができるだろうか[22]。むしろ、こうした現実の社会が直面するわれわれの問題を棚上げにすることで、政治は決定的に空虚なものになってしまうだろう。

だとすると、結局、アーレントの論議では、「構造的暴力の諸現象を捉えることができない」のではないか？

これがハーバーマスの挙げる最終的な——第三の——批判点である。結局のところ、アーレントは、社会に現に存在するさまざまな暴力＝抑圧や社会的諸問題を政治から切り離して、政治を「問題なき」市民たちの架空のアゴラに隔離することで、逆に実在する社会のさまざまな暴力を黙認することになってしまうのではないのか。ハーバーマスはそう疑うのである。

だが、こうした暴力を公共的空間から閉め出すことは、そもそもアーレント自身の目的だったはずである。人間の存在＝生存それ自体さえ簡単に潰してしまう暴力というものを徹底的に排除すること、そのために、個々人の自由な合意の上に生まれる権力だけに基づいて「安全な」——あるいは自由な——政治的空間を創設すること。それがアーレントの希求だったのだ。だからこそアーレントは、誰の声をも抹消しない政治体制を求めたのだし、すべての人が納得＝合意できる規範だけに権力を付与し、人々の自由で主体的な声の一致によって政治を動かしていこうとしたのである。

ここから、先に取り上げたリトルロックの黒人児童と白人児童の混合教育に対するアーレントの一見奇矯な「判断」も理解される。従来アメリカで行われて来た黒人児童と白人児童の分離教育を社会的差別だとして撤廃する法律がようやく成立したとき、かつて追放されたユダヤ人として、誰よりも「社会的差別」を憎み、むしろ「社会的差別」を一掃する理論として自らの理論構築をしたはずのアーレントは、驚くべきことにその法の実施に反対し、相変わらず分離教育を主張し続ける住民たちの決議を支持したのであった。その時に彼女が主張したのは、「社会的な差別が法律によって廃止された瞬間に、社会の自由は奪われた」（RJ 209）ということである。

ここで彼女の念頭にあるのは、先述したように「社会的差別」が良いか悪いかという問題ではない。それを判断するのは誰か、という問題なのである。つまり彼女にとって政治が正当かどうかは、何よりもまず、それが人々の声によって創設されたものであるかどうか、によってのみ決定されるのだ。主権を持つのは人々——「アゴラ」の人々——なのである。主権はこの人々の間のコミュニケーション的合意にある。アーレントにおいては、いかなる政治的権力もこの公共的な論議＝コミュニケーション的合意によって創出され支持されなければ正当化されえないのだ。いかに政府といえども「連邦政府が公民権を無思慮に扱うならば、政府は社会の自由を奪う危険性がある」（RJ 209）のである。政治的指導は、この、強制なしに達成された人々の合意があってはじめて効力を発揮するし、また同時に正当化されうるのである。

実際、われわれの近代民主主義社会では、政治的支配はそれが構成員によって正当であると認められる間だけ存続しうると――アーレントとともに――言える。選挙がそれである。政治的支配は、人びとの間に生まれる――強制なき――権力を実体化するものとしての選挙によって、定期的に正当性を付与ないし剥奪されることになっているのだ。その点では、現行の民主主義システムは、アーレントの考えを裏書きすると言ってよい。つまり、人々に支持された政治体制しか、民主主義社会においては権力を正当化されないし、それを保持できない。

だが、仮に、ある政治体制が安定的に支持されていたとしても、それだけで、その政治体制が、人々の間の正当な権力によって支持された正当なものだと言ってよいのだろうか。人々が合意して支持すれば、その体制は暴力的でないと言えるのだろうか。端的に言えば、人々によって支持されさえすれば、その政治体制は正当だと言えるのか。ハーバーマスが危惧するのはこの点である。

もし、既に、「政治的諸制度のうちに(しかも単にそれだけではないが)構造的な暴力が組み込まれていると仮定されるならば」(PPP 246)どうだろう、とハーバーマスは問う。

もしわれわれが生きているこの政治の諸制度のうちに既に構造的な暴力が含まれていたとした

ら？　つまり、何らかの政治体制を承認ないし拒否する権能を付与されている人々が、既に、ある権力的な構造の中に埋め込まれているとしたらどうだろう？　人々が合意することによってはじめて権力が生じるのではなく、既に常に、その権力に合意させるような文脈が前もってあるのだとしたら？　あるいは人々の地平が予め与えられているのだとしたら？

もしそうだとしたら、その場合にはいくら人々全員が合意したからといっても、権力によって「予め用意された合意」に依って権力を正当化する、という循環に陥るのではないか？　そうした再帰的正当化が果たしてアーレントが求めた正当な政治——すべての他者たちの声を反映したもの——の実現を可能にするものだと言えるのか？

もちろんそうではない。

ハーバーマスは言う。「構造的な暴力は、強制力としては表明されないで、むしろ、正当性にとって有効な確信が形成され育成される場のコミュニケーションを、秘かに阻止するのである。目立たないように作用するコミュニケーション阻止についてのこのような仮説が、イデオロギーの形成を説明することができる。それは諸主体を自己と自己の状態について自己欺瞞させてしまう確信がいかに形成されるかを、納得させることができる。共通確信がもつ権力によって飾られている幻想を、わたしたちはまさにイデオロギーと呼ぶ」（PPP 246 傍点ハーバーマス）のである。

結局ハーバーマスの批判は、アーレント流の「権力のコミュニケーション的な創出に対して、ひとつの現実的な異見を与えようとするもの」(PPP 246傍点引用者)である。

ハーバーマスは言う。もし人々が既にあるイデオロギーの中で形成されており、また彼らのコミュニケーションがそもそもこの構造的な暴力を反映したものだとすれば、その「組織的に制限されたコミュニケーションにおいては、当事者たちは、主観的には強制なしにではあるが、しかし幻想的な確信を形成する。このことによって彼らはコミュニケーション的にひとつの権力を生み出すのであり、この権力は、それが制度化されるや否や、当事者たち自身に対しても行使されうるのである」(PPP 246–247)。

もはやハーバーマスの異議は明らかである。つまり彼は、イデオロギーを沈殿させた主体たちによる合意は、必ずしも自由なものでもなく、非暴力的なものでもない、というのである。むしろそこでコミュニケーション的に形成され正当化される権力が、結果的には構造的暴力を循環的に再生産していくのだ。しかも、それは自分たちがコミュニケーションして合意した上で決めたことだ、自分たちの自律にもとづく主体的選択なのだ、という仮象をとることによって、もはや脱し難く主体を拘束するのである。

これまで述べてきたように、アーレントが一貫して拒否し続けてきたのは、個を全体の中に回収し去る暴力(Gewalt)であった。そのためにアーレントは、個々人が代替不可能な唯一の自己として承認される自由な公共空間を確保し、その主体と主体の「間」の空間に生まれる合意の力だけに政治を正当化する権能を付与しようとしてきたのである。それはおそらく、「われわれ」として現れる人々それ自体の集団の支配に対する異議申し立てであったということができるだろう。つまり、個々の差異の声を抹消してしまう全体の声に抗って、あくまでも個々人の声の場所を確保しようとすること、その個々の自由な声を挙げる＝聞く空間にのみ政治の正当性を限定しようとしたこと……これらはすべて、個を「多なる一」に解消するものへのアーレントの抵抗であったのである。

だが実は、アーレントが確保しようとした主体の自由の余地なるものは、その主体の意見自体が、既にあらかじめ暗黙のうちに存在する権力の地平（イデオロギー）によって浸食されていたことによって限りなく不透明なものになってしまう。しかもアーレントの中では各主体が平等なものとして予め保証されてしまっているため、その浸食——与えられたイデオロギーへの自己同一化——を遡及的に問題にすることができない。要するに、自由にコミュニケーションしているはずのアーレントの主体は、実は自由でも何でもない……にもかかわらず、アーレントの構図の中ではその主体拘束性を問うことができない。そう、ハーバーマスは批判するのである。結局、アーレントは、自由であるはずのコミュニケーションとそこではじめて生まれる合意——これが唯一正当な権力として実体化される——の背景を問うことができないのだ。

こうして自由であるべきアーレントの主体は自由である可能性を失ってしまう。なぜなら、アーレントの構図においては、「社会問題」を政治の領域から排除することで、主体の中に蓄積された暴力的抑圧を結果的に維持してしまうことになり、意識されないままに文化社会的常識として主体の地平を既に常に構成しているイデオロギー的抑圧が結果的に黙認されてしまうからである。

これらの抑圧を等閑視したままで、自由なコミュニケーションが可能なのか。あるいは、これらの社会的・文化的抑圧を棚上げしたままで、自由な主体について語ることができるのか。おそらくそれは困難である。なぜなら、「支配からの解放という連関においてのみ、政治的自由の諸条件を有意味に論ずることができる。支配というこのカテゴリーは、政治的暴力と社会的権力を切り離してはならず、両者をその両者に共通しているもの、すなわち抑圧として明示しなければならない。社会的隷属の諸条件のもとでは、政治的自由への裁量の権利も、イデオロギーのままである」（PPP 227）からである。

だとすれば、むしろ、われわれがハーバーマスと共に再び問わなければならないのは、複数の人びとの自由なコミュニケーションによって生まれた権力であれば正当だとなぜ言えるのか、ということである。換言すれば、主体どうしのコミュニケーションにおいて得られたコンセンサスであればそれで正しいとなぜ言えるのか。たとえ、そのコンセンサスが外的暴力によって得られたものでなく主体たち自身の内発的なものであったとしても、やはりわれわれは、そこで、その正当性の根拠を問わなければならないのではないか。コンセンサスそれ自体を再び問うことができるのではないか。

　これが、ハーバーマスがアーレントを批判する点であり、同時にハーバーマス自身が合意論の中で常に問題にし続けてきたことである。

　どんな主体も何らかの地平のうちに存在し、その地平におけるイデオロギーに依拠しているのだ。「主体」は、もともと自由でも何でもないのだ。どんな主体も、その主体の所属する文化社会的地平の中で構成された主体なのである。つまりアーレントが欲しているような「差異」――「私」だけが所有している、私の本質を構成する差異――にもとづく、イデオロギーから完全に解放された主体などはどこにも存在しないのだ。だとすれば、こうした自由《イデオロギー・フリー》な「負荷なき主体」間の合意という仮想にもとづいて権力を正当化していくという考えは、単にリベラル・デモクラティックな擬制でしかない。

　だから、このコミュニケーションとこの合意について、われわれは常に遡及的に背景を問うという形で正当化要求をしていかなければならないし、また、そうすることによってはじめて、この合意は、より「良い」ものに修正可能になる……あるいは少なくとも、その時点でのイデオロギーからは解放されていくことができるのではないか[23]。

　こうして、たとえばハーバーマスは、絶えず自ら――「われわれ」――を相対化し、われわれの地平を改変していくようなコミュニケーションの規範を設定しようとする。

絶えず今ここにあるコミュニケーションを相対化し続けていく＝われわれの〈外なる他者〉に対して開き続けていくこと、「われわれ」の地平の固定的＝安定的な地盤を掘り崩し流動化していくこと。それは、「かつてあったもの、わたしたちがかつてそうであったものと敢えて対決するという難事を引き受ける」[24]（PPP 72）ということに他ならない。

単に今ここのコンセンサスがあるからというだけではなくて、そのコンセンサスを可謬的基盤の上に絶えず引き戻し続けていくこと。可謬論の前提に立って——それこそがポストモダンの条件である——このようにして修正と解放を繰り返していくこと。その中にしか、つまり無制限にコミュニケーションを続けていくというこの流動化の中にしか、もはやわれわれが自分自身の地平から解放される術は、あるいは、われわれの他者の声に開かれていく術はないのではないだろうか。

そうハーバーマスは考えるのだ。

3―4　無制限のコミュニケーション

例えばハーバーマスなら、あのアメリカの黒人児童と白人児童の混合教育の問題に対して、アーレントのような答えは出さないだろう。

アーレントも単純に黒人児童を排除しようとしたのではない。彼女も、先ず第一に市民たち自身の自発的な合意を尊重するべきだという理由から、分離教育を主張する市民たちを支持したのである。だが、次に彼女はこう言うのだ。「わたしがまず心に問うたのは、自分が黒人の娘の母親だったらどうするかというものだった。その答えは、招かれてもいないのに、その集団のうちに迎え入れてほしいと願っているようにみえる状況に、自分の子供が身をおくような事態だけは、どうしても避けたいということだった」(RJ 193 傍点引用者)。さらに彼女は言う。「わたしが黒人であれば、教育と学校のうちに差別の撤廃を持ち込もうと試みることは、成人ではなくこどもたちに責任を転嫁するものであり、きわめて不公正なものだと感じるだろう」(RJ194 傍点引用者)。そして彼女は続ける。「わたしの心に浮かんだ第二の問いは、自分が南部の白人の母親だったらどうするだろうかというものだった。その場合にもわたしは、自分の子供が学校で政治的な争いにまきこまれるのを防ごうとするだろう」(RJ 195 傍点引用者)。

特徴的なのは「もしわたしが……だったら」という思考が彼女を導いていることである。彼女は、「他者の立場に身を置いて」判断を下しているのだ。それは彼女が、他者の立場に立つことができる、他者の気持ちや価値判断を自分の視点から理解することができる、と信じているからである。むしろ彼女にとって、「他者の立場に身を置く」こと、すべての他者の立場に身を置くことこそが、アゴラを「すべての他者に対して開かれた」公共的なものにする上で必要不可欠なことだったのだ。

だから彼女は言う。「決定的なことは、議論を逆に向け、主張をひっくり返すことができるということではなく、事態を実際にさまざまな面から見るという能力を獲得したこと、すなわち、政治的に見るということであった。それは、現実世界にあらかじめある多くの可能的な立場を受け容れ、そこから同じ事態を考察して、事としては同じものであるにもかかわらず、一番異なった見方を示し得るように鍛錬されているということである。これは、かなり、自分の利害を断ち切るという以上のことである。……[その考えは：引用者注]カントになってやっと、判断力の一能力として健全な人間悟性が論じられる際に、再び見られる。彼は、それを「拡張された思考様式 **erweiterter Denkungsart**」と名付け、その能力をはっきりと「どの他者の立場でも考える」ことだと定義している。ただし、その際、残念な特徴ながら、この卓越した意味での政治能力は、カントの本来の政治哲学である定言命法の展開のなかではほとんど何の役割も占めないでいる。というのも定言命法が妥当する根拠は、「首尾一貫して思考する」ということから導出されるからである。そして立法的理性が前提としているのは他者ではなくて、自己矛盾しない自己にすぎないのである。本当のところは、カント哲学における本来の政治的能力は、立法的能力ではなく、判断力であって、この能力は「判断が主観的で私的にとどまるという制約」を超え出ることができるという点に本領がある。ポリスの意味では、政治的な人間は、自らの固有な卓越性を示しながら、同時に、自らの洞察力、すなわち、あらゆる立場を考慮できるという能力によって、非常に自由に動きうるのであり、だから、最も自由な人間だったのである[25]」(WP 96－98傍点引用者)。

アーレントは、だから、黒人児童を「排除」したのではない。むしろ黒人児童の立場を代理したのである。彼女は、黒人児童も含め、すべての他者の立場に立って、すべての他者の視点へと「拡大された思考」に立った上で、普遍的に誰でも受け容れることのできるはずの判断を——混合教育に反対するという判断を——下したのである。

ハーバーマスなら、「もしわたしが……だったら」という判断は下さないだろう。彼なら、「どの他者の立場にも身を置く」ようなことはしないだろう。単純に言って、それは彼にはわからないからである。だが、他者の判断が、どうして「私」にわかるだろう?

ハーバーマスなら、実際に、相手に簡単に訊くだろう。どうしたいのか、と。そしてそこから議論を始めるだろう。そして、そこにいる当事者全員が、——そこには黒人と白人の立場の区別はない、ただ さまざまに異なる考えを持つ当事者たちという一つの枠組みの人々がいるだけである——合意できるまで、コミュニケーションを続けていこうとするだろう。「続けていかなければならない」、と彼なら言うだろう。そして、そのコミュニケーションのプロセスのなかで、当事者全員が、実際に――架空の全員ではなく――本当に合意できるような、そういう普遍化の道筋を探していこうとするだろう。彼ならおそらく、そこまでコミュニケーションを止めないだろう。止めることはできない、とハーバーマスは言うだろう。それは正義ではない、と。

本書の出発点は、――ポストモダンとしての現代において、なお正当化可能な「共同体」というものがありうるのか、というものであった。無数に多元化する世界の中で――われわれを遮断する壁の無数の増殖の中で――絶望的な衝突をくり返してきた現代のわれわれにとって、それでも正当な何らかの共同性が、あるいは他者の複数の声を確保しうる場が、はたしてなおも可能なのか。

たとえばこの黒人児童と白人児童の混合教育の問題に対し、われわれがもはや、既存の規範を――例えば何らかの共同体の、あるいは宗教的・形而上学的権威の伝統の枠組みを――使えないのは明白である。「われわれはそうしてきた、それがわれわれの伝統であり、それがわれわれの価値観である」という一人称複数の集合的アイデンティティによる問題の解決を主張しても、それはただ単に「これまでこうだったから」という解決法でしかない。

だが、それでは立ちゆかなくなったからこそ、それが問題になったのだ。あるいは、それでは嫌だ、という「われわれではないもの」たち――一人称複数には含まれない他者たち――の存在が無視できない状況になったからこそ、この問題が問題化したのだ。それなのになおも伝統的な価値体系を押し通そうとするのは「無‐理」に決まっている。納得できない人たちがたくさんいるのに、それを「これまでこうだったから」、「われわれはこうしてきたから」で解決するのは、納得できない＝reasonableではない＝合理的では無い、のだ。

結局のところ「われわれの価値観はこうである」を自らの価値の正当化根拠に用いるこれらの主張はどれも、「ここはわれわれの土地である、だからわれわれがここをわれわれの価値観で支配する」という言い方に帰着する。むしろ、そうした正当化手法は常に、実は他者に対する正当化の放棄＝拒否とイコールなのである。結局のところそれは常に「嫌なら出て行け」を内包しているのだ。それは「違うわれわれ」＝他者たちを追い出し、「ここ」にいる他者たち＝違う考えを持つメンバーたちを暴力的に同化＝疎外しようとするだろう。だとすれば、今ある「われわれ」の枠組みを固持することは、「われわれ」の他者たちとのコミュニケーションを絶つこと、つまり他者をアゴラから決定的に排除するという暴力的な作業に他ならないのである。そこには「異なる他者たちの共存」の余地など最初からなかったのだ。

それでは、他者を排除するのではなく「他者を受容する」ならどうだろう？　自分たちの自己中心主義的＝伝統的パースペクティブを超えて、「他者の立場に身を置けば」どうだろう？　アーレントが採ったのはこの手法である。「すべての他者の立場に身を置いてすべての他者が受け容れることのできるルールを立てる」というこの定言命法のやり方なら、少なくとも、狭い自分の共同体の「善」に拘って衝突と排除＝疎外を繰り返すよりは「他者に開かれた」、すなわち普遍的「正」義に開かれた公共的パースペクティヴを確保することができるのではないか？　「すべての人の立場に身を置く」というこの「拡大された代理の思考」がそれを——他者との共存を、つまり複数性を——保障するのではないか？

アーレントはこうして、すべての他者たちに開かれた公共の広場を構想する。そこは誰も排除されない、すべての他者の場所である。出自や属性という境界線を越えて、そこはすべての他者たちに開かれている。すべての他者の言挙げのために、アーレントは、国家や共同体ではなく、広場を確保したのである。

だが、他者とは誰なのか？　「彼ら」は一人なのか？

この場合で言えば、「黒人たち」が他者なのか？　あるいは「白人たち」が？

アーレントが「自分が黒人の娘の母親だったら」あるいは「わたしが黒人であれば」「自分が南部の白人の母親だったら」と問うとき、彼女が採用しているのは「黒人たち」と「白人たち」の間に自－他の境界を置く見方だろう。

だが、ごく簡単に言って「黒人たち」の中にもいろんな考えがあるのだ。この混合教育の問題に関しても、「黒人たち」の中にも、あるいは「白人たち」の中にもいろんな意見の違いがあるだろう。意見の対立があるだろう。

だとすると、他者とは誰なのか？

他者とは、われわれに異を唱える者、われわれに対して異論を立ててくる者のはずである。だとすれば他者はわれわれとは違う地平に立つ者である。それは、「私は違う」と言う者、異なる言葉を語る者、われわれの「家」に違和を持ち込んでくる者である。

だが、もし、意見の対立＝異論をもって「他者」と言うのなら、他者とは誰なのかという問いに、もはやわれわれは簡単に答えることはできなくなってしまう。なぜなら、いったい誰が異論を持っているかはわからないからである。それは、「他者たち」＝「彼ら」の意見が本当は一枚岩ではない上に、「われわれ」の中にも既に、常に潜在的に異論が存在するからであり、今は納得しているわれわれの一員が、今後、不同意を立てる可能性があるからであり、何よりも――リオタールが言うように――私自身がかつて他者であった[26]――これからも他者であり得る――からである[27]。

だとしたら「私が」他者を代理することはできない。他者とは異論＝われわれとは違う言葉を語る者であるからというだけではない。誰が他者なのかが特定不可能だからである。しかも私自身が他者であり得るのだ。それなのに「われわれ」と「他者」の境界線を引くことが、あるいは、それを前提に「私」が「他者」の立場を代理することが、どうしてできるだろう？

「黒人」が他者なのではないのだ。他者は「黒人」ではないのだ。他者とは、異論を持つ人々なのである。だとするとそこにいるのは「黒人」と「白人」ではないのだ。そこにはただ、「さまざまに異なる考えを持つ当事者たち」という一つの枠組みの人々がいるだけなのである。「黒人」-「白人」という、違う人々が存在するのではない。ただ「違う立場の人々」が、つまり、違う意見を持つ人々がいるだけである。……いや、もはやそうでさえない。違う意見を持つ人々がいるのではない。むしろ違う意見が、あるだけなのである。さまざまな異論があるだけなのだ。どの「自分の意見」もそもそも自分のものではなく、「われわれ」によって与えられたものであり、しかもその「今の」意見も他者の異論と出会うことでどんどん変わるのだとしたら……。

だとすれば、何が「私」の考えか、誰が「他者」かを、どうして確定することができるだろう？どうして「他者の思考を代理」することができるだろう。境界線が、「われわれ」と「彼ら」の間に引かれるのではなく、その都度対立する異論と異論の間に引かれるのだとしたら。

そうだとしたらわれわれは異論を予め想定することさえできないだろう。

異論が立てられて初めて、われわれはその異論に出会うのだ。

だが、そもそも誰が他者なのかがわからないのだとしたら、あるいは「誰が」という確定的な形で他者を措定することが本来不可能なのだとしたら、ただ、われわれは、アゴラを異論に開いておく、ということしかできないではないか？

われわれが、アゴラを――つまり公共性を――保障し、われわれ自身の自由の可能性を確保するためには、われわれはこのアゴラを他者たちのアゴラとして実現しなければならない。つまり、アゴラに、実際の他者の複数の声を響かせなければならない。それはわれわれがわれわれの空間を、自民族中心主義的な狭い共同性から解放して、普遍的な――すべての他者たちの――空間として解体＝再構成していくためにどうしても必要なことでもある。

だが、その他者の声を、われわれが――アーレントのように「拡大された代理的思考」で、あるいはリオタールのように沈黙と孤独な良心の中で――聞き取るという作業は、結局のところ、他者の声をわれわれの言葉に翻訳するということになってしまうだろう。それはつまり、われわれの言葉で他者を語ってしまう＝所有してしまうということである。われわれが良心的にわれわれ自身の心の中で他者の沈黙の声を聞く――「他者の立場に身を置く」――という作業は、結局のところ、われわれの言葉では語らない他者をわれわれの言葉で所有することでしかないのだ。

だからハーバーマスなら、実際に、相手に簡単に訊くだろう。どうしたいのか、と。「黒人に」ではなく固有名詞を持つ当事者であるその人に、あるいは同じく「白人」ではなくやはり固有名詞を持つその相手に。つまり、その都度の異論を立てる当事者全員に。そして、そこにいる当事者全員が合意できるまで、コミュニケーションを続けていこうとするだろう。アゴラをその当事者たちの異論で響かせようとするだろう。誰が他者かが問題なのではない、異論だけが問題なのだ。そしてその違和の中から、どの当事者もが、すべての人が合意できる何らかの地点を探していこうとするだろう。

それはコミュニケーションをする人々自身がそうするのである。

その過程で何度も人々は「やはりそうではなかった」と言うだろう。「そう思っていた、だがそうではなかった」と言うだろう。合意は覆されるだろう。それでも、最後には、当事者全員が、本当に、納得する地点に辿り着くまで、そこまでコミュニケーションを続けていこうと、彼はするだろう。

だがそのことは必然的に、当事者たちがすべての「私」と「われわれ」の正当性を棚上げにすることを要求する。「私」が、あるいは「われわれ」が依拠するすべての地平は、結局のところ「偶然的に存在するコンテクスト」でしかないからである。それは、これまでは妥当だとされてきた地平、ただ単に限定されたこの共同体の「われわれ」にとって自明であった地平でしかない。その「われわれ」にとっての正当性は、だが、この他者の前で、つまり公共のアゴラの、この異論の前で、もはや何ほどのものでもない。公共のアゴラはすべての他者に開かれている。そして「われわれはこうだった、これがわれわれにとっての価値である」という論理は、それだけではこの他者には通用しないのだ。そして合意が成立しなければもはやその規範は妥当性を獲得できないのである。

だから、この他者の前で、「われわれ」の自明性から引き離された「私」は、この私の他者に納得してもらえる論理を、自分で、この他者と共に構築していかなければならない。そうしないとこの他者は納得しないだろう。だからハーバーマスは言う。コミュニケーションという「道徳的討議への参加は、偶然的に存在する一切の規範的コンテクストの放棄を要求する。道徳的討議は、生活世界の自明性との断絶、とりわけその都度主題化された行為規範とその妥当要求に対する仮説的態度を要求するコミュニケーション前提のもとにある」(FG 202 傍点引用者)のだ、と。

そうやって、「私」は、「われわれ」を後にして、この他者との協働の地平に入っていくのだ。それがハーバーマスの言うコミュニケーションの過程なのである。だとすればコミュニケーションとは、そうした「われわれ」なる主体、「われわれ」によって培われてきた主体のコミュニケーション的解体のプロセスでもある。それは必然的にそれらの「主体」がこれまで依拠してきた生活世界の自明性を放棄することを要求するだろう。だとすれば、このコミュニケーションのアゴラはアナーキーなものであらざるをえない。

だが、アゴラとは本来、アナーキーなものではなかったか? つまり「家」を離れた――「家」の論理を相対化した――他者たちによって構成されたアゴラでのコミュニケーションは、融和の場ではなく、まさに異論と違和の場であるはずなのだ。だとすれば、むしろ私は、この私の他者と出会うために――「家」を解体し、「家」に所属する「私」を解体しなければならない。その異論の中に、別の異論としての私の声を挙げなければならない。そこでわれわれに可能なのは、「家」から出て、「広場」で、あらゆる差異を——「われわれ」と「彼ら」の対立ではなく、あるいは「われわれ」と「彼ら」を代理する「私」と「彼」との対立にではなく——その都度の異論と異論のあいだの調整の問題に還元して、「今まではこう思っていた」ということでしかない一つの（私の）考え」自体を「今まではこう思っていた別の（彼の）考え」と突き合わせ、互いが納得できるように、あらゆる「われわれ」と「彼ら」の境界線を超えて、コミュニケーションを、ただ、どこまでも持続していくことだけなのである。

こうしてわれわれは、かつてのわれわれの正当性の地平を流動化させ、これまでとは違う一人称複数のわれわれとして——つまりこの他者と共同のわれわれとして——コミュニケーションをしていくことになる。

そのとき、「われわれ」は、もはや「私」と「彼」という二つの主体を意味するのではなく、「私」と「彼」の「間」に生まれる何かを意味するものになるだろう。そこで生まれた合意は——あるいはそれが未だ合意に至っていないとしても——もはや「私の」考えとか「彼の」考えとは言えないもの、「われわれの」であると同時に「私＝彼の」主体的な考えなのである。それは確定可能な、あるいは指示可能な何らかの主体のそれではない。そこには「われわれ」や「彼ら」、あるいは「私」や「彼」という主体が存在するのではもはやないのだ。そこにあるのはただ、それらの境界線を超えた無数の「私」たちが共同で組み立てていく「われわれ」[28]の「主体なきコミュニケーション」の過程だけなのである。

このプロセスの「最後」に至って、「もろもろの根拠がひとつの首尾一貫した全体をなすにいたり、争われている妥当要求の承認可能性について強制なき合意が成立する場合にはじめて、実際のところ、われわれは都合のよい諸条件のもとで論証を打ち切る」（FG 278）ことができるだろう。強制されたのではない自然な合意が成立すれば、そこではじめて、われわれはすっきりと論議を終わらせることができる。そこでわれわれが論証を打ち切るのは、まさにそこで全員が納得したからであり、それ以上コミュニケーションを続けていく必要が事実上なくなったからである。[29]当事者全員の合意という困難な条件が、それでも達成したときに、コミュニケーションは自然と終了する。

だが、その「終了」は、実は常に一時停止でしかない。そうして達成できた規範の正当性も、合意したその人々にのみ「妥当」であって、普遍妥当的に「正当」なのではないからである。つまり規範それ自体の正当性が確立したわけではないのだ。あくまでもその規範は、合意した人々にとってのみ、しかもその合意が続いている間だけ、「妥当」性をもつ、ということでしかない。そのときその場では全員が納得して論議が「終了」したとしても、別の「納得していない他者」は常に登場しうる。あるいは、かつては合意したその同じ当事者から別の新たな論拠が提出されて、また議論が「蒸し返される」可能性は常にあるのだ。

そのときは、また一から、全員の合意に向けてのコミュニケーションがスタートすることになる。

かつて成立した合意、そのときは全員に受け容れられた合意は、今はすでに妥当性を失っている。それは、今はもはやその決定は全員の合意を得られていないからである。妥当だった決定は、もはや妥当ではないのだ。

こうしてハーバーマスの合意論においては、決定の可謬性が必然的なものとなる。コミュニケーション的妥当性が、当事者の合意という当てにできない不確かなものにしか依拠できないものであるかぎり、決定は常に不安定で可謬的なものでしかない。

だが、それは可謬的であってよいのだ。現実に生きている人々の誤りやすい地平から行われた合意が「完全」であるはずはない。そのときは全員の合意が得られたとしても、またそのときは全員が納得して論証が打ち切られたとしても、常に別の論証が、あるいは別の新たな他者が潜在的に存在するのだ。新たな他者と新たな異音の侵入＝参加によって、絶えず合意は揺さぶられ、決定は妥当性を失っていくのである。

こうしてわれわれは、ひたすらにコミュニケーションをしていかなければならないということになる。

そのコミュニケーションの中で、われわれを「われわれ」なる同一性へ回収しようとするあらゆるものに対して、われわれの差異と複数性を同一性の中で消去しようとするあらゆるものに対して、われわれは他者たちと共同で戦いを続けていかなければならない。

そこにアーレントとリオタールの声が共に響いている。同一性に抗してわれわれ自身の差異と複数性を守ること——まさにアーレントとリオタールの求めたこのポストモダンの要請は、結局はアーレントの中ではアゴラの先行する「われわれ」の和声の中に回収され、それを批判したリオタールにおいても沈黙と孤立の中に他者を現前させることなく失われてしまったものであった。

だが、われわれは共同で戦いを続けていくことができる。われわれを回収しようとする同一性に対して、われわれは戦い続けていくことができる。われわれは、まさにこの眼前の他者とのこのコミュニケーションの中で、あらゆる背景と自明性を共に問いに付していく中で、合意のために、今のこのわれわれから剥がされ続けていくことができる。

それは、われわれが最終決定の安定に至ることなく、コミュニケーションプロセスの不安定性の上に居続けることを余儀なくされるということでもある。だが、むしろコミュニケーションを終えること、結論を出すことは、異論を終熄させること、他者と私の持つ違和＝他者性を封殺することに他ならないのだ……。

だからコミュニケーションは終わらない。ハーバーマスが頑なに固守し続ける「全員の合意」という理想は、終に達成されることはないだろう。だがハーバーマスはこの無限に遠隔化された永遠の理想を設定することで、逆に、どの「現在」をも途上に引き戻し、相対化し、流動化させ続けていくのだ。

それは、その都度の合意、その都度の連帯でしかないものを絶えず絶対化して安定しようとする「われわれ」を相対化し、開き続ける。そのことによってわれわれのアゴラは、われわれではないもののアゴラに、複数性と他者の空間に開かれ続けていくだろう。だとすれば、ハーバーマスの合意論の理想とは、あるいは彼のコミュニケーション論が持つ理想性とは、まさにその非現実性によって——あるいは実現不可能性によって——われわれを最終決定の同一性から解放する装置なのである。

どこまでも可謬的であり、どこまでもまだ合意しない他者が存在するというアゴラの違和の持続するざわめきは、まさにその声が、差異ある私と他者の出会いの空間を現出する。

そこで——コミュニケーションの不安定性の中で——あらゆる価値の持つ絶対的な正しさというものを拒否する相対主義の影の中で、それでも全員が納得できる落ち着き場所を、われわれは、その都度、延々と、共同で、探していかなければならない。新たな論拠、新たな他者の到来によって、今のこの合意の妥当性が失われ続けるという不安定な可謬的前提を受け容れた中で、われわれはそれでもまた、全員で合意できる地点を探していかなければならない。
その中で、おそらく、コミュニケーションする人々は、従来の境界線を越えた結びつきを得るだろう。民族や出自という血縁・地縁的な共同体ではない、それは違う形での共同性のあり方を提示するだろう。その都度、全員が強制なく、平等に、納得できる、全員が受け容れることのできる合意を探していく、という、その困難な協働が、その人々の間に、新たな協働する連帯を作り出すのである。

こうして広場は限りなく流動的で不安定な場所になる。そこにはもう「家」の安定はなく、そこで保障される「われわれ」のアイデンティティの安定もないだろう。だが同時に、今のこのその都度の合意の束縛から、今のこの「われわれ」の緊縛から、共に自由になり続けうるという明るみの中で——コミュニケーションのアナーキーな明るみの中で——われわれは自分を見失いながら、新たなわれわれを形成し続けていくだろう。

それが、あらゆる「家」の境界線を相対化した、「境界なきコミュニケーション共同体」という、ポストモダンの現在において唯一「正当」な連帯の形なのだ。

そしておそらく、それがポストモダンにおける公共性の形なのである。

註

1　私見によれば、ここに、offen と同時に frei という語を当てはめることができる。そのことは、アーレントの言う「公共性」Öffentlichkeit の位置を明らかにするものである。

　ドイツ語の frei（自由）が、「意のままの」「勝手気まな」という意味だけでなく、まず第一に「制約（束縛）のない」「限定されない」という意味を持つことは興味深い。この点において、そもそも frei は、「限定解除して開く」という意を持つものであり、offen に非常に近いところに立つ語だと言える。「開放的な」「野外の」「広々とした」、あるいはまた「無料の」という派生的意味においても、frei は、この「誰にでも」「開かれた」という意を本来の語義として内包するものであるといえるだろう。

　もちろんこの語は「自主自立的な」「独立の」という意味も持っており、frei であることは、人にあれこれ束縛されたり、干渉されたり、回収されたりせず、その本来の存在である権利を有するものであるということも含意されている。それは、アーレントに引きつけて言えば、つまり「自分である権利」＝「他者である権利」ということである。

　日本語では「公共性」と「自由」は必ずしも結びつく概念ではないし、意味の近い言葉でさえもない。だから、アーレントの言う「公共性が自由の空間でもある」という主張に対して、なぜ「公共性」と「自由」が結びつくのか、という疑問が生まれるのだとも言える。

　だが、そもそも、彼女の母語であるドイツ語においては、上記のように offen と frei の近似性が明白に指摘されるのである。むしろ、こうしたドイツ語の語義から、まさに公共性が同時に自由の空間でもある、というアーレント独特の公共性概念をより確実に規定することができると言えよう。（『独語大辞典　第二版』小学館、二〇〇〇年、八一七頁参照。）

2　だからこそそれはいつも聞かれないままに、アーレントの言う「多忙さ」の騒音の中に紛れてきたのだ。

3　それはあくまで「その」人々、つまり合意した当の人々にのみ当てはまる規範である。その規範＝法は、合意していない他の人々にまで拘束力を持つものではない。まだ「合意していない」ということは、その規範がその人たちにとっては、まだ「妥当性を持たない」ということである。

4　だから了解とは共有である。何かについて相手と了解し合うことは、その何かについての了解を相手と共有することである。コミュニケーションの中では、相手と共有できた――了解し合えた――この何かだけが力をもつ。そして、この力――私と相手が了解することによって生まれる力――が、権力なのである。同時に、それが相手との間に紐帯を生むのだ。

　それは「われわれ」を動かすし、また同時に「われわれ」の中に紐帯を作り出す。同じ一つの合意が、その合意の下に、合意した人々を、「同じ一つの決定に合意し、それを実現するわれわれ」として実現するのである。

5　それは個々の「私」自身にとって「正当」であると「主観」的にも思われるだけでなく、少なくとも一定の形式的基準（コミュニケーションを通して全員が合意している）を満たしているという形で客観的にも正当化可能である。

6　それは本人が納得したことではない。だから本人には不当だとしか思えないだろう。本人が納得していない以上それは「正当」だとは受けとられない。そして本人の意志に反してその人を動かすことは、もはや規範の超越論的正当化なしには正当化できないのである。もちろん、絶対的価値が存在しない（あるいはその存在を証明できない）という価値的相対主義を前提とせざるをえない以上――まさにポストモダンはそうなのだが――、価値の超越論的正当化は不可能である。つまり「どんなに良い価値でも」とは言っても、その「良さ」は誰かがどこかの地平において判断した「良さ」でしかなく、普遍妥当的に「良い」ものではない。その同一の「良い」価値が、別の誰かの地平からすれば「悪い」価値であるということはよくあることである。結局のところ、ポストモダンの条件下では何一つ真理値が確定された規範などないのだから、何かの規範を押しつけることがその規範自体の持つ正当性によって正当化されるということもあり得ないのだ。

だとすれば、その規範の適用は、本人が納得していない以上主観的には不当であり、また客観的にも正当化できない、ということになる。

7　したがって、例えばどうしても「期限内」に全員の合意に達することができなかった場合などには、やむを得ない次善の策として――人々の自発的で主体的な「声」をまだしも反映する方法として、つまり単なる強制よりはましな方法として――「多数決」が選択されざるを得ないということはハーバーマスも認める。だが、その場合も、「多数派のくだした決定は継続されるべき議論の一つの区切りにすぎず、いわば討議による意見形成の暫定的な結論にすぎないという点で、多数決原則は真理と内的な関連を有する。しかし多数決が成立しうるには、争いの対象がその質に応じて相応の討議のコミュニケーション前提にもとづいて解明されるということが、前提されなければならない。すなわち、そうした場合にのみ多数派の決定の内容は、制度的決定強制との関連では中断されるが原理的には再開可能である論証の、合理的に動機づけられるが可謬的でもある結論として考察される。自分たちも将来よりよい論拠によって多数派となり、下された決定を変更するチャンスがあることを前提としてのみ、敗北した少数派は多数派の権限を了承するのであり、このような解釈にもとづくことで、覆すことのできない結論を作り出す多数派の決定に対する異議というものが成立するのである。」(FG 213)

8　Diskursethik の頭文字のDである。

9　確認しておかなければならないが、この合意は、本当に納得して受け容れたという意味での合意である。明白なことだが、「本当は合意していないが形の上では合意したことにする」というのは「合意していない」ということである。

10　例えばアーレントにおいては、人間は、「約束」によって、自分が共同に選択したことを放棄することなく、それを引き受け続けなければならない。これに対して、ハーバーマスの場合は、人は、過去の合意に縛られることなく、その都度、絶えず新たなコミュニケーションを開始し、新たな合意を探し続けていくことができるのである。

アーレントの場合は、「約束する我」として、何かあるものに約束した自己として人は自分のアイデンティティを確立し、保持するが、ハーバーマスにおいては、何らかの実体的な価値規範への約束においてではなく、「絶えず移り変わる他者たちとのその都度の共同性＝コミュニケーションを持続していく自己」の流動性の中に、コミュニケーションする自己のアイデンティティが求められることになる。

11 何かに真に合意する、というのは、規範の実現した帰結まで含めてそれを選択する、ということである。規範を受け容れるがその帰結を受け容れない、というのは、実際、考えることが難しい。例えば「選挙で裏金を受け取らない」ことには合意しても「自分が裏金を受け取らない」ことには従わないのだとしたら、それはその当事者が「選挙で裏金を受け取らない」という規範それ自体にそもそも合意していない、ということを示すだけであり、その場合は、もしその帰結を受け容れることができないとすれば、それは実はまだ当事者がその規範に合意していなかった、ということの証示になるだけなのである。

詳しく言うとこうなる。

ここで全員によって合意された「選挙で裏金を受け取らない」という規範は、「誰もが選挙で裏金を受け取らない」という規範と同値である。つまりそれは「〈すべての私〉は選挙で裏金を受け取らない」という規範である。

その「誰も」＝〈すべての私〉は当然、〈この私〉＝「自分」をも含むはずである。

だとすれば、「選挙で裏金を受け取らない」に合意した人が「〈この私〉＝自分が選挙で裏金を受け取らない」ことには従えない＝合意しない、というのは矛盾である。

もしそういう事態が生じたとしたら、それは、その人が実は「誰もが（したがって〈この私〉＝「自分」が）

選挙で裏金を受け取らない」という規範には合意していなかったのだ、ということである。

12　ハーバーマスはほとんど神経質と思えるほどに「強制」を摘発する。たとえば何らかの規範を正当化するためには、当事者全員がその話し合いの中で強制なく合意に達しなければならなかった。また合意された規範にもその帰結にも強制なく全員が従うことができなければならなかった。すなわち、規範は、当事者たちが全員で実践的討議＝コミュニケーションを通して合意したということによってのみ正当化されうるのだから、それは強制を伴うものであってはならず、したがって、そのコミュニケーションに何らかの暴力あるいは操作としての強制が入り込んではならない。つまり、コミュニケーションとして行われる一切の規範決定過程に強制が入りこんではならないし、強制的に当事者を何らかの方向に無理強いしてはならないのだ。「強制なしに（zwanglos）」は、まさにハーバーマスの合意論それ自体の基音なのである。

13　例えばそれは、「三角形を作るためには三本の互いに平行ではない直線を描かなければならない」の「ねばならない」と同値の「ねばならない」である。

14　空談に逃げるのも一種の沈黙である。

15　ハーバーマスは言う。「理想的発話状況に応じた諸条件が損なわれているなら——例えば、ある特定の関与者が関与を許されないとか、あるテーマや論考が抑圧されているとか、賛成‐反対の態度の取り方がさまざまなサンクションによる暗示、あるいは脅しによって強いられている等々——、それぞれの話し手は、それ以外の避けてもいいような論議が決して真剣な論争に値しないということを、直感的に知っている。」（ED 161）

16　ハーバーマスは、この自律を「コミュニケーション的自律」と呼ぶ。これは孤独な主体が自分の価値観や利害関心にのみ基づいて自分の行為を決定すると言った意味での自律ではない。あくまで、主体が、他者たちとのコミュニケーションの中で、全員が——そしてまさにその一人としての自分が——納得でき、共に、自分自身の選択として担えるような決定を、他者と共に自ら下すこと、を、それは意味するのだ。

ハーバーマスは言う。「その場合、自律性という規範的に内容豊かな概念を、孤立的な諸主体の行う目的論的行為の必然的前提などから導き出すことはできない。自律性という概念を導き出す目的のためには、われわれは了解に定位した行為モデルから出発しなければならない。コミュニケーション的行為においては、話し手と聞き手はそのパースペクティブの交換可能性を織り込んでいる。話し手と聞き手の双方はコミュニケーションを行うという立場で間人格的な関係を結んでいるのであるから、彼らは、自分たちの行為を妥当性請求に定位することのできる帰責能力のある主体として、互いに対称的に承認しあっていなければならない。その上、生活世界上の規範的なコンテクストにおいても、彼らの行動期待は相互に組み合わされたままである。このようにして、コミュニケーション的行為の必然的前提は、道徳的核心を含む、すなわち強制なき相互主観性という理念を含む、了解可能なインフラストラクチャーを形成するのである。」(ED 97)

またハーバーマスは次のようにも言う。「間主観性の観点に立てば、自律とは、自己自身を所有する主体の自由な処理能力のことではなく、相互承認関係を通して可能となる独立性、しかも他者もまたシンメトリックに独立性を持つ場合にのみ共存可能なこちらの独立性をも意味している。」(ED 146)

17　この問題については、本論とは別に、少々説明を加える必要があるだろう。

こうした、ハーバーマスにおけるコミュニケーションの「理想化」あるいは「理想的コミュニケーション」という抗事実的想定」に対しては、それが「非現実的である」という批判が常に寄せられている。そんな理想的なコミュニケーションはどこにもないではないか、というわけである。

もちろん、そんな理想的なコミュニケーションはどこにもない。だが、本文中に既に述べたとおり、現実のどんなコミュニケーションにおいても、こうした抗事実的な理想的コミュニケーションという範型は常に働いているのである。むしろハーバーマスに寄せられるこの批判——どこにも存在しない理想的コミュニケーションを理論の前提にすることは問題がある——は、理想的コミュニケーションについての誤解に基づくものである場合が多いように思われる。

理想的コミュニケーションというこの範型の「あり方」については、例えば「まっすぐ歩く」という例を基準に考えれば、容易に理解できるかもしれない。

誰もが自分は「まっすぐ歩いている」と思っている。だが、「完全にまっすぐ」歩いている人はどこにもいない。つまり「まっすぐ歩く」というのは、現実にはどこにも存在しないのだ。だがわれわれは「まっすぐ歩く」と思っている。その理念型に従って、その導きの糸の下で、われわれは「まっすぐ歩いている」のである。

あるいは「ほうれん草のお浸し」を考えてみよう。

「ほうれん草のお浸し」を作ろうとして調理台の前に立つ人は誰でも、「美味しいほうれん草のお浸し」を作ろうとするだろう。理想化された「美味しいほうれん草のお浸し」をテロスとして、彼は「ほうれん草のお浸し」を作る。もちろん、そんな理想的な「美味しいほうれん草のお浸し」は現実にはどこにも存在しない。「美味しいほうれん草のお浸し」とは何か、ということを完全に言語化することもできない。だが、調理台に立つ彼を導いているのは、まさに、その抗事実的な「美味しいほうれん草のお浸し」という理念型＝範型なのである。

さて、出来上がった「ほうれん草のお浸し」はどうなのか。「もう少しゆで時間を短くすれば良かった」「水にさらす時間を長くすればよかった」など、いろいろと彼は反省するだろう。あるいは「このほうれん草が古かった」というのもあるだろう。それも彼を導いている「美味しいほうれん草のお浸し」という理念型の下でなされる反省である。

われわれは誰でも「美味しいほうれん草のお浸し」という理念に近づくように「ほうれん草のお浸し」を作っている。「美味しいほうれん草のお浸し」という理念は絶えず、現前の「ほうれん草のお浸し」を、「もっと美味しい」ほうれん草のお浸しがあったはずだ、という反省の下で相対化する。それは現前する「ほうれん草のお浸し」において体現された(あるいは体現されなかったという形で体現された)「美味しいほうれん草のお浸し」の理念なのである。

ハーバーマスが言う「理想的コミュニケーション」とは、まさにこの「美味しいほうれん草のお浸し」である。それは、抗事実的な理念として現実の行為の中に実際に存在し、どの現実の行為をも導いているものである。

同時に、そのことは、ハーバーマスが、彼の「理想的コミュニケーション」という範型によって彼の理論に形而上学的規範をこっそり持ち込んでいるのではないか、という批判をも有効に退けることになる。

「美味しいほうれん草のお浸し」は形而上学的規範ではない。

あるいはむしろ、どんな行為も、それがその行為であると同定できるような行為はすべて、「美味しいほうれん草のお浸し」という「形而上学的規範」に基づいて現実化しているし、同時にそれとして同定可能となるのだ。モルジアーナが扉々にチョークでつけた印のように、そのことは、その批判が「理想的コミュニケーション」に向けられることを無意味にしてしまうだろう。

ハーバーマス自身は彼の「理想化」に対して寄せられた批判について、次のように反論している。

「「理想化」に関して、われわれは、全体としてさまざまなコンテクストについて語ってきた。概念あるいは意味の理想的普遍化は、一見したところ、それほど困難なことではない。というのも、それらの理想的普遍化は思考という無抵抗な手段によって行われるからである。実際、意味の普遍化は既に言語的観念化に基づいている。この言語的観念化は、一つの記号現象に同じ記号タイプのものを入りこませ、さまざまな表現に文法的には同じ構成を持つ命題を盛り込むことができる。われわれはユークリッド幾何学を砂上や黒板に例示的におおよそのところ描くことができる。この幾何学的図形は、別な意味で、観念的普遍化のことである。完全性や完結性の理念はそのことと結びついている——われわれは円をおおよそのところしか正確に描けないではないか。地理上の測量作業もまた、抗事実的仮定に基づいている。われわれは、観念上の大きさに任意にさらに近づくことができるだけだからである。実際のところ、完全に水平な地面など描くことができるわけがない。似たような意味で、さまざまな実験は、観念的なガス、観念的な真空等々の過程の上に行われる。さまざまなシミュレーションが、これとは別な意味でだが似たような意味で行われる。われわれは重力の作用を無いものと考えることもできる。例えば、われわれは、宇宙空間で事実上遭遇する無重力の状態を、この地上でシミュレートすることができる。結局、このような調整的理念の考え方によれば、無限の接近という数学的モデルは、道具的な行為の領域から相互行為の領域へと移し変えることができる。したがって、コミュニケーション形式を理想化し、観念化して考えること、すなわち、コミュニケーション事象を理想化された諸条件の下で進行すると考えるのは、

無意味なことではない。

了解を実践するにあたっての語用論的次元で前提とされている理想化、観念化に何がしか恣意性があるのは、言語についての意味論的に切りつめられた了解が問題になる場合だけである。われわれが話し手と聞き手をパフォーマンス的に設定し、言語表現のされ方を反省するや否や、たちまち、コミュニケーション的行為や論議を貫く不可避的かつ当たり前の結果としての理想化、観念化に突き当たることになる。われわれは、さまざまな表現に同一の意味を与え、妥当性要求には超越化された意味を与え、話し手には合理性や帰責能力があると仮定する。このような意味供与あるいは類似の意味供与は、語用論的前提があってこそのことである。われわれは、コミュニケーションが遂行されていれば、自己準拠的に、このコミュニケーションの語用論的条件が十分に満たされていると仮定することができる。その場合でも、つまり、コミュニケーションが仮定された条件を満たしていない場合でも、われわれが抗事実的な前提の下にコミュニケーション

的行為を行っていることに変わりはない。」(ED 160－161 傍点ハーバーマス、傍点引用者)

要するに、ハーバーマスがコミュニケーションを理想化するのではない。コミュニケーションをする各人が、コミュニケーションを実践するとき既に、常にそれを理想化しているのだ。あるいはむしろ、そうした理想的コミュニケーションを前提としなければ、事実上、実際のどんなコミュニケーションもわれわれは行えないのである。(理想的コミュニケーションの正反対のものに見える「詐欺」でさえ、それが成立するのは、われわれが理想的コミュニケーションの想定の下にコミュニケーションを行っているからである。)

18 ハーバーマスは、このわれわれのポストモダン社会をポスト伝統社会あるいはポスト慣習社会と呼ぶ。それは、従来の共同体のなかで伝統的・慣習的に通用してきたあらゆる実体的規範がその絶対的正当性を喪失して相対化されざるを得なくなった現在を意味する。このポスト伝統社会の多元主義的前提の下では「格律、行為戦略、行為規則はもはや、その伝承的コンテクストを引き合いに出すことで正統化されるわけではない」(FG 127)。伝統は「それがわれわれの伝統である」という根拠づけだけでは、もはやいかなる規範をも正当化することができないのである。この点において、共同体主義は批判される。それは、共同体主義が、当の共同体の伝統的な文化的・価値的枠組みに対する相対化や反省を拒否する「自民族中心の自己中心主義」(ED 218)に陥りがちだからである。同様の批判は、マルチカルチュラリズムにも向けられる。これについては、拙論「文化という国境――多元文化社会の正義をめぐって」(筑波大学倫理学研究会『倫理学』第一六号、一九九九年)、及び「マルチカルチュラリズムの迷路――多元文化社会の問題構成をめぐって」(筑波大学倫理学研究会『倫理学』第一五号、一九九八年)を参照されたい。

19 だがこれは、実は、自律か他律かという問題ではない。なぜなら、もうわれわれは常に、既に他律において生きているからである。われわれは先ず先行的に――常に既に――共同体の中の諸価値に浸されているのだ。「子供たちは、社会化された相互行為の単なる形式を越えて、すでに規制的義務づけを身につけている」(ED 155)。かつて子供であったすべてのわれわれは、各自が偶然的に生まれ落ちた共同体の、その価値的相互行為の網の目の中でむしろ主体として形成されてきたのである。だとすれば他律はすべてのわれわれの必然的な存在論的前提である。あるいはハーバーマスはこうも言う。「われわれの実際の論争はまさに一貫してコミュニケーション的に構造化された生活形態に属している。そして了解に定位した日常実践の言語使用は、既に道徳的には決して無色透明ではない、つまり道徳的色彩を不可避におびた語用論的前提と結びついている。われわれが一般にコミュニケーション的行為を取る限り、われわれは常に既にいわば倫理が浸透している生活世界の中で活動しているのだ。」(ED 186 – 187)。

問題は、ポストモダンの条件下ではもはやこうした他律の正当性は維持されがたい、ということなのだ。

それは、ひとつには、他律は結局のところ、主体に対する暴力と疎外の契機になりうるからである。いかに「良き伝統」による形成・陶冶であったとしても、それが何らかの具体的な共同体による形成・陶冶である以上、その共同体の中での個人の形成は、結局のところ共同体の一員作りであり、共同体の維持・存続に寄与するものであらざるを得ない。簡単に言えば、共同体は――当然のことながら――個人に対し、その個人の自由より、その個人が共同体の一員である＝になることを要求するのだ。共同体の中での伝統の習得は、もちろん個人に豊かな文化的内実への参加を保証するものである。それがなければわれわれは規範だけではなく言語も、あるいは自分がいったい誰であるかというアイデンティティさえも習得できないだろう。しかし同時にそれは、個人に、自由なアイデンティティではなくその共同体のメンバーとしてのアイデンティティを要求することを通して、自律ではなくむしろ自律の排除を、あるいは自己の疎外を結果的に強いることになるのである。

これに対して、あるいは、共同体が個人を形成してはじめて個人は自律性を獲得するのだ、という批判があるかもしれない。つまり共同体がちゃんとした秩序を与え、その秩序を我がものにすることができてはじめて個人は自律することが可能なのだ、というのである。完全に好き勝手なことをするのが自律なのではない、むしろ共同体はある一定の枠組み内での自律を与えるのだし、それこそが真の自律である、と、おそらくその批判は言うだろう。だが、ある一定の枠組み内であることをあらかじめ限定されているような自律が、あるいは共同体の与える秩序に従うという意味での自律が、本当に「自」律なのか。それはその当の共同体の「一人前」のメンバーであるということの証にはなっても、その人間が自らの基準に従う人間であるということを意味するものではない。もしそうだとすれば、服務規則に従う兵隊はすべて「自律的である」ということになってしまうだろう。自律がむしろその個人を共同体の秩序に背かせる場合があり得るということ、自律という概念がそもそも自らの「外」にあるすべての規範を相対化する可能性を有するものであるということを、結局のところ、この共同体主義的な自律概念は説明することができないのである。ハーバーマスは言う。「諸個人が同時に個体化されてしまうような類のコミュニケーション的社会化は、深い不具性を生み出す。なぜなら、社会化された諸個人のアイデンティティは、統合される途上で、さらに拍車のかかった社会依存性を帯びていくものだからである。」(ED 223)

だが、それだけではない。そこで要求される自己疎外は、実は同時に他者の排除をも内包しているのだ。それが二つめの問題である。

その場合の他者とは、その共同体「外」の他者である。

一つの共同体の「中」では、秩序や価値観を共有する「われわれ」であることが求められるし、また「われわれ」は当然、自分たちの価値観が「正しい」という前提のもとにいる。そのことでわれわれは「われわれ」であることを肯定的に維持できるのである。だが、その前提は時として自分たち以外の他の集団の持つ価値観を「正しくない」ものとして排除することにつながりかねない。あるいは共同体の中で絶えず生起する「われわれへの統合の圧力」は、「われわれではない者」を「他者」として排除することによって自分たちを「われわれ」として維持する、というアイデンティティ統合の手法を使うのである。端的に言えば、共同体は他者を排除することによって自らの同一性を確立するのである。(アガンベンが描くホモ・サケルはその具体例である。共同体の正当なメンバーである「われわれ」は、「われわれの中にいる異質な者」を、排除すべき他者として際立たせることで、正統な「われわれ」というフィクションを維持するのだ。例えば、国内にいるユダヤ人に黄色の星をつけさせる、あるいはゲットーに押し込める、また強制収容所にいれる、というのは、そうすることで「他者なるユダヤ人」の存在を際立たせ、そのことによって「他者なるユダヤ人」ではない「正統なわれわれドイツ人」という擬制を国民のアイデンティティとして実体化するために有効な手段だった。これについては、ジョルジョ・アガンベン、高桑和巳訳『ホモ・サケル――主権権力と剥き出しの生』、以文社、二〇〇三年。)

いずれにせよ、共同体の規範によって諸個人を形成する――逆に言えば共同体の伝統的規範に従うことによって主体性を得る――という他律的あり方は、いかなる共同体の規範もポストモダン下では絶対化され得ないから、という理由だけではなく、個人に対する疎外の危険性を含むという点でも、またその当の共同体以外の他者を排除する可能性を内包するという点においても、もはや正当化できないのである。

20 それは、ポストモダンにおいてはもはや、万人が共通に依拠できる普遍的根拠づけが失われてしまったからである。ハーバーマスは言う。「十九世紀後半まで有効だった古典的自然法、とくにアリストテレスのそれ、さらにそれをトマスが変形したキリスト教的自然法の学説においては、なお全体社会的なエートスが表現されている。それは、国民の各社会階層を上から下まで包含し、さまざまに異なる社会的秩序を相互に結びつけるエートスである。そうしたエートスが垂直方向に生活世界の諸構成要素を貫くことによって、文化的価値範型と制度が人格構造の中に固定された動機と行為志向に十分重なり合う、ということが可能になっていた。またそうしたエートスが水平方向に正当な秩序の隅々にまで行き渡ることによって、人倫・政治・法という規範的構成要素を相互に結びつけていた。だが、私が生活世界の合理化として解釈した一連の発展のなかで、このような結びつきは解体されてしまった。まず最初に、文化的伝承と社会化過程が否応なく反省の対象とされるようになり、その結果、そうした伝承と過程は徐々に、行為者自身によって主題化されるようになる。これと同様に、たんなる慣習に貶められた人倫にかんする慣れ親しんだ実践と解釈範型は、反省および自主的な判断形成という手法を通じてなされる実践的決定から区別されるようになった。」（FG 124）

21　こうした形式主義と普遍主義は、当然、カントの道徳論を想起させるが、実のところその想定はまったく正しい。ハーバーマス自身、次のように述べている。「K‐O・アーペルと私は、この数年間、コミュニケーション理論の手段を使って規範を根拠づけるという問題を視野に入れながら、カントの道徳論を新たに定式化し直すことを試みてきた。」（ED 9）

つまりハーバーマスのコミュニケーション論は、一言で言えば、カントの道徳論の再定式化であるというのである。だとすれば、ハーバーマスのコミュニケーション論の正確な位置価値を確定するためには、カントとの地理学的俯瞰を必要とするということになるだろう。

ハーバーマス自身、自らの討議原理（「D」「U」）の原則を規定するに先立って、むしろその前提としてハーバーマスはカントを以下のように論じている。

「カント倫理学のもつ義務論的、認知主義的、形式主義的、かつ普遍主義的特徴についてあらかじめ説明しておきたい。カントは根拠づけ可能な規範的判断の集合に限定して論じているので、彼は狭い道徳概念を基礎に置かざるをえなくなっている。これに対して古典的な倫理学は「善き生（gutes Leben）」の問題すべてに関わっていた。他方、カント倫理学は、わずかに、正しい（richtig）、あるいは正義に適った（gerecht）行為の問題にのみ関わっている。彼の道徳判断は、行為のコンフリクトがどのように合理的に根拠づけられた了解に基づいて調整されるものであるかを説明する。広い意味で、道徳判断は妥当的規範の光に照らして行為の正当化を、あるいは承認に値する原則の光に照らして規範の妥当性の正当化をはかるのに役立つ。すなわち、道徳論的に説明が必要な基本的事象は命令または行為規範の当為妥当性（Sollgeltung）なのである。この点に関して、われわれは義務論的倫理を取りあげる。義務論的倫理では、規範や命令の正当性はある主張文の真理性とのアナロジーで理解される。とは言いながら、当為命題の道徳的「真理性」は、直覚主義や価値倫理学とは異なって、言明文の妥当性と同一視されてはならない。カントは理論理性と実践理性を混同していないのである。私は規範的正当性を真理とアナロジーの（wahrheitsanalog）妥当性要求と理解している。このような意味で、われわれは認知主義的倫理についても取りあげる。この倫理学は、いかにして規範的言明が根拠づけられるのかという問いに答えなければなるまい。カントが命法という形式（汝の意志の格率が同時に普遍的法則となるような格率に従って行為せよ！）を選択しただけであるにもかかわらず、定言命法は普遍化可能な行為規範を妥当なものとする正当化原則の役割を引き受けるにいたっている。つまり、道徳的な意味で正当化されるものは、すべて理性的存在者が意志することができなければならないというのである。この点に関して、われわれは形式主義的倫理を取りあげる。討議倫理では、道徳的論議の手続きが定言命法に取って代わる。」（ED 11－12傍点ハーバーマス、傍点引用者）

22 フェミニズムからのアーレント批判は主にこの点に集中する。たとえば、セイラ・ベンハビブ「公共空間のモデル――ハンナ・アレント、自由主義の伝統、ユルゲン・ハーバーマス」、クレイグ・キャルホーン編、山本啓他訳『ハーバーマスと公共圏』、未来社、一九九九年、所収。

志水紀代子「アーレントとアメリカのフェミニズム」、情況出版編集部編『ハンナ・アーレントを読む』、二〇〇一年、所収。

エラ・ザレツキー「ハンナ・アーレントと公的なもの／私的なものの区別の意味」、情況出版編集部編『ハンナ・アーレントを読む』、二〇〇一年、所収。

ナンシー・フレイザー「コミュニケーション・変革・意識向上」、情況出版編集部編『ハンナ・アーレントを読む』、二〇〇一年、所収。


　これらの論文は共通に、アーレントにおいては、結局、被抑圧者（この場合は女性）が担わされている構造的差別が、構造的差別としては問えなくなってしまうという点を批判する。アーレントの論議は「集団支配や従属の問題を無視する一方で、個々人の差異の問題に関してのみ複数性を扱っている」（同書一九三頁）というナンシー・フレイザーのコメントは、おそらく、こうした立場からのアーレント批判の代表的なものである。

23　これについても、注18にて前掲の拙論を参照されたい。

24　この引用部分は、ハーバーマスが、アーレントのかつての師、ハイデガーについて語った部分である。

25　また、これに関しては、アーレント『カント政治哲学の講義』六〇頁を参照。

26　インファンスとしての子供はすべて他者である。

27　逆に、他者とされている「黒人」が実は「他者」ではない、ということは既に述べたとおりである。彼らは自分が「黒人である」という与えられたアイデンティティに自己同一している。「黒人」と「白人」によって成り立っているというわれわれの社会の構成を受け容れている。簡単に言って、「黒人」は、「黒人」と呼ばれるその与えられた名を自分の名として受け取っている。その限りにおいて、「黒人たち」は、われわれの中の一つのアイデンティティなのである。

28　ここには一つの「融合」が生じている。コミュニケーションにおいて成立する「間主観性（Intersubjektivität）」という言葉は、複数の主観の存在を前提にしてそれらの複数のものの間で何かが共有されるということをではなく、諸個体の「間」の空間に共有される何かへと主体を解体していくことを意味するものだろうからである。

だからIntersubjektivitätは、「相互主観性」ではなく「間主観性」である。

「相互主観性」が、なおも二つの主観の間に形成される何らかの関係性を示唆する語である限り、そこで持ち込まれる「コミュニケーション」に先立つ二つの（複数の）主観性」という概念は、むしろハーバーマスが一貫して行ってきた近代主体性批判と逆行するものである。

ここで言われているのは、あくまでも、コミュニケーションの中で、その過程の中ではじめて——コミュニケーションという「間」的位置の上ではじめて——形成されてくる何ものかだけに「主観性」を承認するという立場なのである。

29　コミュニケーションが合意に達したら、自然と、「われわれ」の間で、コミュニケーションは終了される。それは、私が終える、とか、他者が終える、ということではない。全員が合意したら、その全員の合意の時点で、コミュニケーションは自然と終了するのである。むしろ全員が同時に終了した、という意識を持てない場合（本当はまだ終わっていない、と思う人が残された場合）には、実はまだ合意が成立していない、つまりコミュニケーションは未だ終了していない、ということになる。

結

フルビネクはどこにいるのだろう。

近代が遂行する政治の間で沈んでいった、あの小さい、名前のない者はどこにいるのだろう。

だが、名前のない？

「フルビネク」は名前ではなかったのか？

それは名であって同時に名ではない。その小さい者が生まれたときにおそらく彼に祝福と共に名前を与えた者は、そのとき既にもう亡かった。その小さい者は、名前のない者として、自分の名も知らない者として、名を持たないものとして、アウシュヴィッツの人々の中に置かれたのである。「フルビネク」とは、名の無い彼をそう呼んで彼らの中の子供にした、周りの大人たちの、呼び名であった。本当の名前ではない、本当の名の場所は空白のままおかれている、その空白を空白のままに、アウシュヴィッツの人々は、その小さい者をフルビネクと呼んで彼らの中の子供にしたのだった。

だが、アウシュヴィッツの人々もまた名を持たない。彼らは自分の名の故にではなく、「ユダヤ人」という一つの名の下に収容所に収監されたのだった。
フルビネクはそういう彼らの中の子供だった。

このわれわれの近代の中で――フィクショナルな「われわれ」（＝集合）を現勢化させ維持するために、絶えず、排除されるべき「われわれではない者」＝「他者」（＝補集合）を必要としてきた、このわれわれの近代の政治的構成の中で――われわれはなおも、フルビネクに場所を与えてやることができるのだろうか？「われわれ」の同一性を強化することで「われわれ」としての生き延びを確保していこうとする「大人」たちの拘束の中で――「他者」の排除という犠牲の上に成り立ってきた、この近代の政治的空間に、なおも、われわれは何かを――おそらく「アナーキーな」何かを――持ち込むことができるのだろうか？　緊密な「われわれ」のものである共同体を、われわれは、「われわれではない者」に、複数性と他者の空間に開放＝解体していくことができるのだろうか？

「追われたユダヤ人」であったアーレントの切実な問いは、まさに「他者である私を存在させて欲しい」だった。たとえ私が他者であっても「私を排除しないで欲しい」「私の声を聞いて欲しい」。いくら差異があったとしてもその「私」を「他者」のままで受けいれて欲しい。むしろ、「他者」を排除することでしか維持されない近代の政治は、「政治」ではなく「家」なのだ、それは、その内部の自由な議論の空間を阻害することで成り立つ、暴力的な閉塞空間だったのだ……この批判と共に、彼女は「われわれの共同体《国＝民族》」を「他者たちのアゴラ《広場》」に置き換える。そして、他者を排除することで同一性を固守していく「われわれの共同体」を廃して、他者たちの自由な現れの空間——誰でも自分の差異をそのままに持ち込んでよい開かれた広場——を確保しようとするのである。

広場はすべての人に開かれている。アゴラ＝広場は、国でも民族の土地でもない。そこは「誰のもの」であり「誰のものでない」、という占有と排除の掟によって縄張りされている場所ではない。それが公共性の場処＝アゴラなのだ。アゴラの広場に書かれている「誰でも」の文字は、国や民族といった伝統的な「われわれ」を確定する共同体の境界線を拒否する。アーレントが願ったように、そこは、たとえユダヤ人であろうと、どんな人間であろうと、そのことで排除されない場所である。われわれは、アゴラを立てることによって近代の政治を——民族や国境の境界線を引いて「われわれ＝友」-「彼ら＝敵」を分割し、その分割線によって架空の「われわれ」を可視化し、「われわれではない者＝他者」を排除することで「われわれ」を維持してきた近代の政治の手法を——相対化することができる。われわれは、われわれのアゴラを、われわれのものに、少なくとも民族や国境といった境界線に支配されない、誰に対しても開かれた自由の場所にすることができる。

国や民族という紐帯でしか自分たちの集団的アイデンティティを持てない近代の政治空間に代

わって彼女が開こうとしたのは、誰でも入れる、むしろ差異を持つ他者たちによって構成される、自由な言挙げの空間なのだった。

われわれは、アゴラに住むことができる。おそらく、できるだろう。

近代が遂行してきた、あの暴力的な境界線の政治を、われわれは相対化することができるだろう。それは確かに困難なことだが。だが、それはあの近代の「境界線の政治」に代わりうる、新たな正義の一つの形である。

だが、フルビネクはそこにはいない。

自由な言挙げによってアゴラの市民になるわれわれの権利は、だが、フルビネクには閉ざされたままである。「誕生」する前に沈んでいったその小さい者は、自分の名を名乗ることも、話すことも行いをすることもなかった。誰にも意味のわからない、伝わらない小さいぶつぶつ——mass-klo もしくは matisklo——という音を、おそらく幼児が発するたどたどしい言語以前の音を、言語を習得する時期に誰からも話しかけられず顧みられることもなかったが故に失われてしまったその言葉を、フルビネクは発していたのだった。境界線の政治の中で、「他者」として排除され沈んでいった小さい者は、今度は、言葉を持たないということによって、話し合う市民たちの共同体＝アゴラに誕生することを予め奪われているのだ。

果たして「他者」とは誰なのか？

「他者たちのアゴラ」に、なおも排除されていた「他者」とは誰なのか？

アーレントの隘路はこの点にある。

アーレントの「公共性」は、彼女が構想した境界無きアゴラが、実は既に一つの境界線を前提にしていた、というアポリアにぶつかる。それは、実はアーレントのアゴラは「われわれ」の言葉で語る者たちのアゴラだった、というアポリアである。そこには「われわれ」の言葉で語らない者、あるいは語れない者の居場所は無かったのだ。

問題は――アーレントが企図したように――同一化する「全体」に抗して差異ある「個」の現れの空間を確保しなければならない、ということではない。問題は、そもそも個が存在しないということ、差異が予め存在するわけではないということの中にある。複数性は予め可能なのではなく、そもそも個が個として存在するためには予め全体が先立たなければならず、私の個は予め与えられたものとしてしか存在しないのだということ。要するに、アーレントにおいてわれわれが直面しているのは、言語を通して人びと――「われわれ」――の前で現れるという構造が必然的に内包してしまう承認＝拘束のシステムの持つ暴力性なのである。

だが、常に、他者がいるのだ。「われわれ」ではない者、われわれの言葉で語らない他者がいるのだ。われわれが、われわれのアゴラで、われわれの言葉で語り、われわれの中の合意を形成していくとき、われわれは常に、われわれの言葉では語らない者を排除しているのだ。語る言葉を持ち、常識に満ち、社会を構成し、アゴラを所有している善き市民＝「大人」たち全員の合意——自然に、（彼らの中では）平等に、共有された彼らの合意——は権力を持つ。それはコミュニケーション的に生み出された、少なくとも主観的には「正当な」確信の力である。そしてその力が、まさに、アゴラを「大人たち」＝善き市民たちのアゴラにし、同時に、彼らではない者の「非常識」な細い声を排除するのである。

そこに排除された他者の、言葉を持たない沈黙を、いったいわれわれはどう保障していけばよいのだろうか。

リオタールのこの問いは、だが、善き市民である大人たちそれぞれが自分自身の中に自己疎外されたかつての私である子供の哀しみを聞いていく、そのことによって他者への理解を開いていく、という彼の答えでは、おそらく応えることができないだろう。それでは他者の声は聞けない。それは私の内的声でしかない。それは他者の声ではないのだ。それでは、他者を現実のアゴラに確保することができない。しかもわれわれが公共性を保障し、われわれ自身の自由の可能性を確保するためには、われわれのアゴラを他者たちのアゴラとして実現しなければならないのだ。つまり、アゴラに、実際の他者の声を響かせなければならないのだ。リオタールが主張するように個々の市民が他者の声を自らの良心の中で聴き取るというだけではなく——それは結局のところ、他者の声を「われわれ」が良心的に聞き取る、というアーレントの構図の再現になってしまうだろう——現実に、他者自身に語らせなければならないのだ。われわれではない他者自身に、われわれの言葉ではない他者自身の言葉で語らせなければならないのだ。他者たちをアゴラに現勢化させなければならないのだ。

他者たちのこの複数性の空間は——公共性は——どこにあるのだろう。どうすればわれわれは、われわれのこの社会を、他者たちのアゴラにすることができるのだろう。

たとえ近代の政治が区画してきた国境や民族としての現実の境界線をわれわれが超えることができたとしても——その意味での他者たちの「誰でも」の空間を「アゴラ」として造成することができたとしても、そうした「市民たちの約束の土地」には予め拒まれていた沈黙の声を、どうすればわれわれは、むしろわれわれ自身の自由の可能性を開くものとして確保することができるのだろう。排除された他者の沈黙を聞き取ることさえも、他者の存在する余地を無くしてしまうのだとすれば……。もしその沈黙を私が聞き取ってしまったら、その構造の中では、他者はもうそれ以上存在できないのだ。

だが、そうだとすれば、聞き取れないままに、他者の声を聞き続けていくことしかわれわれには可能ではないのではないか？

聞き取れないままに、他者の沈黙に、あるいは言葉にならない言葉に、われわれが聞き取ることを拒絶されながら、それでも――その聞かれない声を――われわれは聞き続けていくしかないのではないのか？


それはフルビネクの声である。

あるいは、それは排除された他者たちの声である。

同時に、それは、語ってしまった者、「われわれ」の言葉で語ってしまった者、「われわれ」の言葉で語ることで自分の中の他者性を疎外してしまった者たちの声である。

そしてそれは、「私」の声でもある。「私」として、既に「われわれ」の中で名を与えられ、承認され、「誕生」してきてしまった「私」＝「他者」の声である。与えられた名の下に自らを回収してきた「主体なき」「私」の声である。


そうした忘れられた「声」たち。

「私」を構成する、見えない、私に取り憑いている見えない、亡霊たち。

この見えない声を見ないようにして、「われわれ」は世界の中で生きてきたのだった。

見ないでいた間は、私は「われわれ」の中に隠れていることができた。「われわれ」として世界の中で存在することができた。

だが、「フルビネク」＝他者たちを住まわせている「私」は、どんな「われわれ」を構成するのか。どんな「われわれ」を正当なものとするのか。……まだ彼の声が聞けていない、まだ彼の言葉に応えることができない、彼は何かを言っていたのだ、だがそれは聞かれていない……という形でフルビネクの亡霊を「持っている」私に、いったいどんな政治的な「われわれ」を正当化することが可能なのか。

「われわれ」になることができなかったフルビネクたち。あるいは「われわれではない者」という「排除された彼ら」を構成していたアウシュヴィッツの「囚人」たち。ドイツ人ではないということにおいて標づけられるアウシュヴィッツの収容者たち、正しいドイツ人ではない彼ら、あるべき「人間」ではない彼ら。そして、大人ではない、自分の名も知らない、言葉を話すこともできないフルビネク。彼らは、ではない、という存在でしかありえない自分の存在の悲しみにおいて自分を存在している彼らである。

そういうフルビネクを住まわせている「私」に、いったい、政治的-人工的ないかなる「われわれ」の枠組みが正当化されるのか。

そういう小さな者たちの亡霊に私（＝場所を与えてしまった「私」）は、政治的に与えられる、私を枠組もうとする、「われわれ」の境界線を、見るだろう。

見る、という仕方で。

その「線」が、「彼」を、私の向こう側に追いやろうとするのを、見るだろう。フルビネクたちが、「再び」という仕方で、向こう側の他者にされるのを、見るだろう。「私」の名において、それはそうされるのである。

他ならぬこの私が所属する「われわれ」の名において、再び、常に再び、フルビネクたちが外へ追いやられていくのを、それを、私は、見るだろう。

私が私に与えられた名を「私」の名として受け入れることで。「私」が、再び、フルビネクを追いやるのだ。

だとすれば、私は、あの聞かれなかった言葉を、聞き続けていかなければならない。

私の他者たちとして現前する、この他者たちの声の中に、私は、聞かれなかったあの言葉を聞き続けていかなければならない。

そうして、すべてのコミュニケーション空間のなかに「フルビネク」の声を現勢化させ続けていくこと、すべてのコミュニケーションを、ただこの他者との合意を求めるという終わりのないプロセスとして、共同で、ただ辿っていくこと。そこに担保される「私の」考えや「彼の」意見という所有格を――あるいは合意によって達成された「われわれ」という仮性の権力＝拘束を――失い続けて行くプロセスを、「主体なきコミュニケーション」を、続けていくこと。

おそらくそのことだけが、あの「終わりなきコミュニケーション」を可能にするのだ。あるいはこう言ってもよいかもしれない。「終わりなきコミュニケーション」の中には、まだ聞かれていない言葉、まだ聞かれていない声が響いているのだ……そしてそれがコミュニケーションを終わりないものにしているのだ、むしろその声が、常に確定化し安定しようとするこの合意とこのコミュニケーションを、終わりなきコミュニケーションの流動的プロセスへと開き続けていくのだ……、というふうに。

それは、「彼の」、あるいは「私の」、むしろそこにいない、フルビネク＝聞き取られなかった他者の、声である。

コミュニケーションの中に響き続けている、その場にいる者たちと、いない者たちの、複数の声。その無数に複層化する声の間で、「私」たちはアゴラを持つ。そのアゴラの中で、まだ――あるいはもう――いない声の、その全員の合意という終わりなきコミュニケーションに――あるいはあの声に――引き摺られて、私は「私」と「われわれ」という安定した構成から、この他者と共に出て行き続けなければならない。

こうしてわれわれは、全員の合意というドン・キホーテの理想に開かれてコミュニケーションを続けていく。それはおそらくどこまでも「われわれ」を別の「われわれ」に解体し続けていくだろう。

常に、合意は遠隔化され続けるだろう。

だが、もし結果的に合意が達成できなかったとしても、宙吊りにいること、合意への過程にいること、そのことは、合意を目指すというわれわれの連帯を保証するだろう。それは、他者であることの自由を確保すると同時に、近代の政治が引き起こしてきた境界線上の対立——共同体間の対立——を、「誰にでも」「開かれた」広場における公共のコミュニケーションというわれわれの地面——「あらゆる解釈パースペクティヴの脱境界化と可逆性」の空間——に降ろすだろう。

おそらくそれだけが、ポストモダンなる「われわれ」の政治空間を、他者たちのアゴラへ、あるいは正義へと開いていくのである。

フルビネクの場所は空白のままおかれている。

あとがき

今年はよく雪が降った。

去年も、四年前も東京は大雪に覆われた。その何年か前、もう桜が咲こうという春の日に突然の雪と雹が真昼をまっ暗にした年もあった。

雪が降ると、その前に降った雪が蘇る。今見ている雪にかつて見た雪が重なり、その雪を見ていた時間が重なる。今はもはや「今」ではなく「あのとき」であり、だが同時にこの今でもある。今、見入っている雪、今降り籠められているこの雪は「あの雪」であり、降り籠められているわたしは「あの雪」と「この雪」の重なりを生きているわたしである。

アウシュヴィッツにも雪は降っていたのだろう。

既に読まれた方はご存知のように、本書はかつてアウシュヴィッツで死んだひとりの子供のために書かれたものである。アウシュヴィッツには死んだ多くの子供たち、そして多くの大人たちがいた。「フルビネク」というわたしたちの子供はその中のひとりである。

その子供はその死によって未だ存在している。まるで死が彼をわたしたちの中で生きさせ始めたように。わたしたちは自分の子供時代にこの「子供」を持っているのだ。聞かれなかった声を持つ子供、置いていかれた子供、「フルビネク」をわたしたちは自分自身の子供時代に持っているのである。だがすべての死んだ子供たち、大人たちは、その死によって今もなお、唯一の者として存在しているのではないだろうか？　そしてすべてのわたしたちは身近にわたしたちの死者たちを持っているのだ。

アドルノは、アウシュヴィッツ以後に詩を書くことは野蛮であるという。だが、アウシュヴィッツ「以後」がわたしたちにあるのだろうか。

ポストモダンが取り戻そうとしたもの、というよりもむしろ哲学がソクラテスの昔から一貫して取り戻そうとしてきたものとは、絶えず占領され絶えず蹂躙され続ける「わたしたちの場所」である。そこには聞かれなかった声が聞かれないままに存在し続け、置いていかれた者が置いていかれたそのままに存在している。それらの者たちはいつでも失われてきたのだ。いつでもわたしたちはこの場所を失ってきたのだ。ポストモダンが「ポストモダン」であるのはただこの蹂躙の主語が「近代」であるからにすぎない。

だがこの近代を維持しているのはわたしたち自身である。聞かれない声を聞かれないままにし、棄てられた者を棄てられたままにしているのはわたしたち自身である。そしてそうすることによってわたしたちはフルビネクを死なせ、多くの声の場所を奪い、自分自身の場所をなおも蹂躙し続けている。

だとすれば「ポストモダン」が弾劾するのは「近代という他者」ではない。

わたしたちの場所は蹂躙されたままに存在している。

だが蹂躙されたまま、この蹂躙においてこの場所は待っている。置き去りにされた者たちはこの広場で、静かな目を見開いて、置き去りにしたわたしたちを待っているのだ。

その目を携えてわたしたちは生きている。わたしたちを越え、あらゆる分節化を越える「子供たち」の声、生きるわたしたちの場所がわたしたちを呼ぶ。ここはわたしたちの場所なのである。

わたしたちはここで、わたしたちが今いるこの明るい場所で、この誰のものでもない広場で、日が暮れるのも忘れて頬を冷たくしながら遊ぶことができるだろう。空っぽになった広場で、名前をどこかに置き忘れたわたしたちは晴れやかに遊ぶことができるだろう。そしてわたしたちはわたしたちのフルビネク、わたしたちの死者たちを永遠に取り戻すことができるのである。

それがどうしてわたしたちの「仕事」でないことがあるだろう?

わたしは本書を恩師である笹澤豊先生に促されて書いた。

ようやく書き上げたとき、笹澤先生は喜んでくださった。書いたものを手放しに愛でて喜んでくださる師を持ったわたしは幸せである。だが、早く出版しなさいという先生の言葉をよそに私がそれを何年も放置したのは、わたしが生きる中でこの場所を「過ぎて」しまったからかもしれない。わたしはわたしの仕事を果たしたと思ったのだ。書いたことでわたしは「彼ら」に応えたと思ったのである。

だが、「終わる」ことなどなかったのだ。

この本もまた、この声を響かせ続けなければならなかったのだ。「私の声」ではない。この本の声、この本の中に存在し続けている者たちの声である。

とはいえ出版というものをしたことが無かったわたしは途方に暮れて、そのとき別のことで唯一知っていた出版社のひつじ書房に、どこか出版してくれるところをご存知ないだろうかとご相談した。その折り返しのご返信で出版がすぐに決まった。引き受けてくださった松本功社長に感謝したい。それから、校正の作業を引き受けてくれた筑波大学人文社会科学研究科哲学・思想専攻のわたしの研究室の大学院生たちに。ずっとお世話になってきた河上正秀先生や数々の先生たち・同僚たちの学恩に。

そして、わたしの身近な、大切な死者たち、生者たちに。

今日も東京は雪が降っている。

雪が降っている今はただ「雪が降っている今」として過去に無限に連続していく。いや、むしろあらゆる時間は本来、「過ぎるもの」ではなく重なっていくものなのだろうか。

その重なりのなかでわたしたちは無数の「雪の今」をひとつのものとして生き、このわたしたちの空っぽの広場で、永遠に、共に放たれるのである。

五十嵐　沙千子

二〇一八年二月

『暴力と聖性』(エマニュエル・レヴィナス、フランソワ・ポワリエ共著)、内田樹訳、国文社、1991年。

『われわれのあいだで』合田正人他訳、法政大学出版局、1993年。

『固有名』合田正人訳、みすず書房、1994年。

『外の主体』合田正人訳、みすず書房、1997年。

『存在の彼方へ』合田正人訳、講談社、1999年。

『他性と超越』(ピエール・アヤ編)、合田正人他訳、法政大学出版局、2001年。

レーヴィ、プリーモ
『アウシュヴィッツは終わらない』竹山博英訳、朝日新聞社、1980年。

『休戦』竹山博英訳、朝日新聞社、1998年。

『溺れるものと救われるもの』竹山博英訳、朝日新聞社、2000年。

『プリーモ・レーヴィは語る』(マルコ・ベルポリーティ編)、多木陽介訳、青土社、2002年。

リオタール、ジャン・フランソワ他『どのように判断するか』宇田川博訳、国文社、1990年。

ロールモーザー、ギュンター『批判理論の貧困 — アドルノ、マルクーゼ、ハーバーマスへの内在的批判』城塚登他訳、理想社、1983年。


『現代思想』「特集　ハンナ・アーレント」、第25巻第8号(1997年7月号)、青土社。

『現代思想』「緊急特集　ジャック・デリダ」、第32巻第15号(2004年12月号)、青土社。

『現代思想』「特集　公共性を問う」、第33巻第5号(2005年5月号)、青土社。

『現代思想』「特集　マルチチュード」、第33巻第12号(2005年11月号)、青土社。

『現代思想』「特集　アガンベン — 剥き出しの生」、第34巻第7号(2006年6月号)、青土社。

『内的体験』出口裕弘訳、平凡社、1998年。

『非-知』西谷修訳、1999年
日暮雅夫『討議と承認の社会理論— ハーバーマスとホネット』勁草書房、2008年。

ピュージ、マイケル『ユルゲン・ハーバマス』山本啓訳、岩波書店、1993年。

フィンリースン、J・G『ハーバーマス』村岡晋一訳、岩波書店、2007年。

フェルマン、フェルディナント『生きられる哲学— 生活世界の現象学と批判理論の思考形式』堀栄造訳、法政大学出版局、1997年。

藤原保信編『ハーバーマスと現代』新評論、1987年。

フランク、マンフレート『ハーバーマスとリオタール— 理解の臨界』岩崎稔訳、三元社、1990年。

ブランショ、モーリス
『明かしえぬ共同体』西谷修訳、筑摩書房、1997年。

『ブランショ政治論集—1958−1993』安原伸一朗他訳、月曜社、2005年。

マイアソン、ジョージ『ハイデガーとハバーマスと携帯電話』武田ちあき訳、勁草書房、2008年。

マッケナ、アンドリュー・J『暴力と差異』夏目博明訳、法政大学出版局、1997年。

マラブー、カトリーヌ編『デリダと肯定の思考』高橋哲哉他訳、未来社、2001年。

ムフ、シャンタル
『政治的なるものの再興』千葉眞他訳、日本経済評論社、1998年。

『脱構築とプラグマティズム— 来たるべき民主主義』(シャンタル・ムフ編)、青木隆嘉訳、法政大学出版局、2002年。

矢代梓『啓蒙のイロニー— ハーバーマスをめぐる論争史』未来社、1997年。

山本啓『ハーバマスの社会科学論』勁草書房、1980年。

吉田傑俊他編『ハーバマスを読む』大月書店、1995年。

リンギス、アルフォンソ『何も共有していない者たちの共同体』野谷啓二訳、洛北出版、2006年。

レヴィナス、エマニュエル
『全体性と無限』合田正人訳、国文社、2006年。

『時間と他者』原田佳彦訳、法政大学出版局、1986年。

『全体性と無限』合田正人訳、国文社、1989年。

『他者のユマニスム』小林康夫訳、書肆風の薔薇、1990年。

川崎修『アレント── 公共性の復権』講談社、2005年。

キャルホーン、クレイグ編『ハーバマスと公共圏』山本啓他訳、未来社、1999年。

小牧治他『ハーバーマス』清水書院、2001年。

齋藤純一
『公共性』岩波書店、2000年。

『政治と複数性 ── 民主的な公共性にむけて』岩波書店、2008年。

佐々木毅他編『公共哲学（全3期20巻）』東京大学出版会、2001年。

佐藤勉編『コミュニケーションと社会システム── パーソンズ・ハーバーマス・ルーマン』恒星社厚生閣、1997年。

ジェイ、マーティン
『ハーバーマスとアメリカ・フランクフルト学派』竹内真澄訳、青木書店、1997年。

『マルクス主義と全体性 ── ルカーチからハーバーマスへの概念の冒険』荒川幾男訳、国文社、1993年。

情況出版編集部編『ハンナ・アーレントを読む』情況出版、2001年。

杉浦敏子『ハンナ・アーレント入門』藤原書店、2002年。

デュットマン、アレクサンダー・ガルシア『友愛と敵対』大竹弘二他訳、月曜社、2002年。

豊泉周治『ハーバーマスの社会理論』世界思想社、2000年。

トンプソン、ジョン・B『批判的解釈学── リクールとハーバマスの思想』山本啓他訳、法政大学出版局、1992年。

永井彰、日暮雅夫『批判的社会理論の現在』晃洋書房、2003年。

中岡成文『ハーバーマス── コミュニケーション行為』講談社、1996年。

仲正昌樹
『「法」と「法外なもの」』御茶の水書房、2001年。

『法の共同体』御茶の水書房、2002年。

野平慎二『ハーバーマスと教育』世織書房、2007年。

ナンシー、ジャン＝リュック
『共同－体《コルプス》』大西雅一郎訳、松籟社、1996年。

『自由の経験』澤田直訳、未来社、2000年。

『無為の共同体』西谷修他訳、以文社、2001年。

『複数にして単数の存在』加藤恵介訳、松籟社、2005年。

バタイユ、ジョルジュ

Kritik der Verständigungsverhältnisse, Frankfurt a.M., 1989.
Ideals and Illusions, Cambridge, 1993.
McCarthy, Thomas and Hoy, David Couzens, *Critical Theory*, Cambridge, 1994.
Miller, D. and Walzer, M. (ed.), *Pluralism, Justice, and Equality*, NY., 1993.
Myerson, George, *Rhetoric, Reason and Society*, London, 1994.
Rasmussen, David (ed.), *Universalism vs. Communitarianism*, Cambridge, 1990.
Rehg, William, *Insight and Solidarity*, Berkeley, 1994.
Strasser, Peter, *Wirklichkeitskonstruktion und Rationalität*, Freiburg, 1980.
Taylor, Charles, Gutmann, Amy (ed.), *Multiculturalism : Examining the politics of recognition*, New Jersey, 1994.（佐々木毅他訳『マルチカルチュラリズム』岩波書店、1996年。）
Teigas, Demetrius, *Knowledge and Hermeneutic Understanding*, Cranbury, 1995.
Thomassen, Lasse (ed.), *The Derrida-Habermas Reader*, Edinburgh, 2006.
White, Stephen K., *The recent work of Jürgen Habermas*, Cambridge, 1988.
White, Stephen K., (ed.), *Habermas*, Cambridge, 1995.

邦語文献

アガンベン、ジョルジョ
『スタンツェ』岡田温司訳、ありな書房、1998年。

『人権の彼方に』高桑和巳訳、以文社、2000年。

『アウシュヴィッツの残りのもの』上村忠男他訳、月曜社、2001年。

『中味のない人間』岡田温司他訳、人文書院、2002年。

『ホモ・サケル』高桑和巳訳、以文社、2003年。

『バートルビー』高桑和巳訳、月曜社、2005年。

『幼児期と歴史』上村忠男訳、岩波書店、2007年。

朝倉輝一『討議倫理学の意義と可能性』法政大学出版局、2004年。

梅木達郎『脱構築と公共性』松籟社、2002年。

遠藤克彦『コミュニケーションの哲学― ハーバーマスの語用論と討議論』世界書院、2007年。

カイザー、ハンス＝ライナー『フランクフルト学派の国家と社会― ハーバーマスとオッフェの理論を批判する』井上純一他訳、昭和堂、1984年。

カノヴァン、マーガレット『ハンナ・アレントの政治思想』寺島俊穂訳、未来社、1981年。

Frankfurt a.M., 2001.（三島憲一訳『人間の将来とバイオエシックス』法政大学出版局、2004年。）

Philosophy in a time of terror : dialogues with Jürgen Habermas and Jacques Derrida by Giovanna Borradori, Chicago, 2003.（藤本一勇他訳『テロルの時代と哲学の使命』岩波書店、2004年。）

Heath, Joseph, *Communicative Action and Rational Choice*, Cambridge, 2001.

Holub, Robert C., *Jürgen Habermas*, London, 1991.

Honneth, A. u. Joas, H., (Hrsg.),

Kommunikatives Handeln, Frankfurt a.M., 1986.

Honneth, A., MaCarthy, T., Offe, C. u. Wellmer, A, (Hrsg.), *Cultural-Political Interventions in the Unfinished Project of Enlightment*, Massachusetts, 1992.

How, Alan, *The Habermas-Gadamer Debate and the Nature of the Social*, Aldershot, 1995.

Langsdorf, L. and Smith, A.R. (ed.), *Recovering Pragmatism's Voice*, NY., 1995.

Lyotard, Jean-François,

Dérive à partir de Marx et Freud, Paris, 1973.（今村仁司他訳『漂流の思想』国文社、1987年。）

Rudiments paiens, Paris, 1977.（山県熙他訳『異教入門』法政大学出版局、2000年。）

La condition postmoderne, Paris, 1979.（小林康夫訳『ポストモダンの条件』水声社、1986年。）

Le différend, Paris, 1983.（陸井四郎他訳『文の抗争』法政大学出版局、1989年。）

Le postmoderne expliqué aux enfants, Paris, 1986.（管啓次郎訳『ポストモダン通信』朝日出版社、1986年。）

Heidegger et《les juifs》, Paris, 1988.（本間邦雄訳『ハイデガーと「ユダヤ人」』藤原書店、1992年。）

L'inhumain, Paris, 1988.（篠原資明他訳『非人間的なもの』法政大学出版局、2002年。）

Lecture d'enfance, Paris, 1991.（小林康夫他訳『インファンス読解』未来社、1995年。）

Moralités postmodernes, Paris, 1993.（本間邦雄訳『リオタール寓話集』藤原書店、1996年。）

McCarthy, Thomas,

ミュニケイション的行為の理論　上・中・下』未来社、1985年－1987年。）
Kleine politische Schriften I-IV, Frankfurt a.M., 1981.（三島憲一編『近代― 未完のプロジェクト』岩波書店、2000年。一部所収。）
Moralbewußtsein und kommunikatives Handeln, Frankfurt a.M., 1983.（三島憲一・中野敏男・木前利秋訳『道徳意識とコミュニケーション行為』岩波書店、1991年。）
Vorstudien und Ergänzungen zur Theorie des kommunikativen Handelns, Frankfurt a.M., 1984.（森元孝他訳（部分訳）『意識論から言語論へ』マルジュ社、1990年。）
Die neue Unübersichtlichkeit, Frankfurt a.M., 1985.（河上倫逸監訳『新たなる不透明性』松籟社、1995年。）
Der philosophische Diskurs der Moderne, Frankfurt a.M., 1985.（三島憲一・轡田収・木前利秋・大貫敦子訳『近代の哲学的ディスクルス　I・II』岩波書店、1990年。）
Historikerstreit : die Dokumentation der Kontroverse um die Einzigartigkeit der nationalsozialistischen Judenvernichtung, München, 1987.（徳永恂他訳『過ぎ去ろうとしない過去：ナチズムとドイツ歴史家論争』人文書院、1995年。）
Nachmetaphysisches Denken. Philosophische Aufsätze, Frankfurt a.M., 1988.（藤澤賢一郎他訳『ポスト形而上学の思想』未来社、1990年。）
Die nachholende Revolution, Frankfurt a.M., 1990.（三島憲一他訳（部分訳）『遅ればせの革命』岩波書店、1992年。）
Erläuterungen zur Diskursethik, Frankfurt a.M., 1991.（清水多吉・朝倉輝一訳『討議倫理』法政大学出版局、2005年。）
Texte und Kontexte, Frankfurt a.M., 1991.（佐藤嘉一他訳『テクストとコンテクスト』晃洋書房、2006年。）
Vergangenheit als Zukunft, Zürich, 1991.（河上倫逸他訳『未来としての過去― ハーバーマスは語る』未来社、1992年。）
Faktizität und Geltung, Frankfurt a.M., 1992.（河上倫逸・耳野健二訳『事実性と妥当性　（上）（下）』未来社、2002, 2003年）
Die Einbeziehung des Anderen, Frankfurt a.M., 1996.（高野昌行訳『他者の受容』法政大学出版局、2004年。）
Die Zukunft der menschlichen Natur. Auf dem Weg zu einer liberalen Eugenik?,

ダとの対話』法政大学出版局、2004年。)

De L'hospitalite, 1997.(廣瀬浩司訳『歓待について』産業図書、1999年。)

Le Toucher, Jean-Luc Nancy, Paris, 1998.(松葉洋一他訳『触覚、―ジャン゠リュック・ナンシーに触れる』青土社、2006年。)

Donner la mort, 1999.(廣瀬浩司他訳『死を与える』筑摩書房、2004年。)

Deconstruction Engaged, Patton, Paul and Smith, Terry (ed.), 2001.(谷徹他訳『デリダ、脱構築を語る　シドニー・セミナーの記録』岩波書店、2005年。)

Chaque fois unique, la fin du monde, Paris, 2003.(土田知則他訳『そのたびごとにただ一つ、世界の終焉　1・2』岩波書店、2006年。)

Görzen, René, *Jürgen Habermas:Eine Bibliographie*, Frankfurt a.M., 1982.

Habermas, Jürgen,

Strukturwandel der Öffentlichkeit, Neuwied, 1962. (Neuaufl.: Frankfurt a.M., 1990.)(細谷貞雄他訳『公共性の構造転換』未来社、1973年、第2版1994年。)

Theorie und Praxis, Neuwied am Rhein und Berlin, 1963.(細谷貞雄訳『理論と実践』未来社、1999年。)

Erkenntnis und Interesse, Frankfurt a.M., 1968. (Mit einem neuen Nachwort, 1994)(奥山次良・八木橋貢・渡辺祐邦訳『認識と関心』未来社、1981年。)

Technik und Wissenschaft als >Ideologie<, Frankfurt a.M., 1968.(長谷川宏訳『イデオロギーとしての技術と科学』平凡社、2000年。)

Zur Logik der Sozialwissenschaften, Tübingen, 1970. (erw. 1982)(清水多吉他訳『社会科学の論理によせて』国文社、1991年。)

Philosophisch-politische Profile, Frankfurt a.M., 1971. (3.Aufl., 1998)(小牧治・村上隆夫訳『哲学的・政治的プロフィール　上・下』未来社、1984年1986年。)

Theorie der Gesellschaft oder Sozialtechnologie. Was leistet die Systemforschung? (zus. mit Niklas Luhmann), Frankfurt a.M., 1971.(佐藤嘉一訳『批判理論と社会システム理論― ハーバーマス゠ルーマン論争』木鐸社、1984年。)

Legitimationsprobleme im Spätkapitalismus, Frankfurt a.M., 1973.(細谷貞雄訳『晩期資本主義における正統化の諸問題』岩波書店、1979年。)

Zur Rekonstruktion des Historischen Materialismus, Frankfurt a.M., 1976.(清水多吉監訳『史的唯物論の再構成』法政大学出版局、2000年。)

Theorie des kommunikativen Handelns, Frankfurt a.M., 1981.(河上倫逸他訳『コ

断』筑摩書房、2007年。）
Benhabib, S. and Dallmayr, F. (ed.), *The Communicative Ethics Controversy*, Cambridge, 1990.
Bernstein, J.M., *Recovering Ethical Life*, London, 1995.
Bernstein, Richard J. (ed,), *Habermas and Modernity*, Cambridge. 1985.
Bohman, J. and Rehg W. (ed.), *Deliberative Democracy*, Cambridge, 1997.
Dallmayr, Fred,
Twilight of Subjectivity, Amherst, 1981.
Critical Encounters, Notre Dame, 1987.
Derrida, Jacques,
La Voix et le phenomene, Paris, 1967.（林好雄訳『声と現象』筑摩書房、2005年。）
De la grammatologie, Paris, 1967.（足立和浩訳『根源の彼方に— グラマトロジーについて　上・下』現代思潮社、1972年。）
L'ecriture et la difference, Paris, 1967.（若桑毅他訳『エクリチュールと差異　上・下』法政大学出版局、1977年。）
Positions, Paris, 1972.（高橋允昭『ポジシオン』青土社、2000年。）
Schibboleth, Paris, 1986.（飯吉光夫・小林康夫・守中高明訳『シボレート— パウル・ツェランのために』岩波書店、2007年。）
De l'esprit : Heidegger et la question, Paris, 1987.（港道隆訳『精神について— ハイデッガーと問い』人文書院 、1990年。）
L'autre Cap, Paris, 1991.（高橋哲哉他訳『他の岬』みすず書房、1993年。）
Khôra, Paris, 1993.（守中高明訳『コーラ』未来社、2004年。）
Passions, Paris, 1993.（湯浅博雄訳『パッション』未来社、2001年。）
Sauf le nom, Paris, 1993.（小林康夫他訳『名を救う』未来社、2005年。）
Politiques de l'amitie, Paris, 1994.（鵜飼哲・大西雅一郎・松葉祥一共訳『友愛のポリティックス　1・2』みすず書房、2003年。）
Force de loi, Paris, 1994.（堅田研一訳『法の力』法政大学出版局、1999年。）
Apories, Paris, 1996.（港道隆訳『アポリア— 死す　「真理の諸限界」を“で／相”待-期する』人文書院、2000年。）
Le monolinguisme de l'autre : ou la prothèse d'origine, Paris, 1996.（守中高明訳『たった一つの、私のものではない言葉：他者の単一言語使用』岩波書店、2001年。）
Deconstruction in a nutshell, Caputo, J. D. (ed.), NY., 1997.（高橋透他訳『デリ

主要参考文献

参考文献は、欧語文献と邦語文献に分ける。欧語文献は著者姓名アルファベット順、邦語文献は著者姓名の五十音順に並べた。

欧語文献

Arendt, Hannah,

The Origins of Totalitarianism, New York, 1951.（大久保和郎他訳『全体主義の起源　1・2・3』みすず書房、1981年。）

The Human Condition, Chicago, 1958.

Vita activa oder Vom tätigen Leben, München, 1967.（志水速雄訳『人間の条件』筑摩書房、1994年。）

Eichmann in Jerusalem: a Report on the Banality of Evil, New York, 1963.（大久保和郎訳『イェルサレムのアイヒマン— 悪の陳腐さについての報告』みすず書房、1994年。）

On Revolution, New York, 1963.（志水速雄訳『革命について』筑摩書房、1995年。）

Men in Dark Times, New York, 1968.（阿部斉訳『暗い時代の人々』筑摩書房、2005年。）

Crises of the Republic, New York, 1972.（山田正行訳『暴力について』みすず書房、2000年。）

The Life of the Mind, New York, 1978.（佐藤和夫訳『精神の生活（上・下）』岩波書店、1994年。）

Lectures on Kant's Political Philosophy, Beiner, Ronald (ed.)Chicago, 1982.（浜田義文監訳『カント政治哲学の講義』法政大学出版局、1987年。）

Hannna Arendt / Karl Jaspers Briefwechsel 1926–1969, Köhler, Lotte and Saner, Hans (ed.), München, 1985.（大島かおり訳『アーレント＝ヤスパース往復書簡 1926–1969　1・2・3』みすず書房、2004年。）

Was ist Politik?, Ludz, Ursula (ed.), München, 1993.（佐藤和夫訳『政治とは何か』岩波書店、2004年。）

Essays in Understanding 1930–1954, Kohn, Jerome (ed.) New York, 1994.（斉藤純一他訳『アーレント政治思想集成　1・2』みすず書房、2002年。）

Von der Menschlichkeit in finsteren Zeiten, Hamburg, 1999.（仲正昌樹訳『暗い時代の人間性について』情況出版、2002年）

Responsibility and Judgement, Kohn, Jerome (ed.) 2003.（中山元訳『責任と判

【著者紹介】

五十嵐沙千子（いがらし さちこ）

〈略歴〉筑波大学大学院人文社会科学研究科哲学・思想専攻単位取得退学。博士（文学）。東海大学文学部講師を経て筑波大学人文社会科学研究科哲学・思想専攻准教授（現職）。2009年から市民のための哲学カフェ（筑波大学哲学カフェ「ソクラテス・サンバ・カフェ」）を主催。

〈主な著書・論文〉

『他者性の時代―モダニズムの彼方へ』（共著）（河上正秀編、世界文化社、2005年）、「世界からの下降― ハイデガーにおける共同性」（『哲学・思想論叢』第43号、2018年）、「対話である越境―オープンダイアローグ、討議倫理、あるいは哲学カフェの可能性をめぐって」（『哲学・思想論叢』第42号、2017年）

この明るい場所―ポストモダンにおける公共性の問題

Agora: Publicness in Postmodern

Igarashi Sachiko

発行	2018年7月23日　初版1刷
定価	3200円＋税
著者	© 五十嵐沙千子
発行者	松本功
装丁者	杉枝友香（asahi edigraphy）
本文組版者	星谷陽子（asahi edigraphy）
印刷・製本所	株式会社 シナノ
発行所	株式会社 ひつじ書房
	〒112-0011 東京都文京区千石2-1-2 大和ビル2階
	Tel. 03-5319-4916 Fax. 03-5319-4917
	郵便振替 00120-8-142852
	toiawase@hituzi.co.jp　http://www.hituzi.co.jp/

978-4-89476-891-8